Ignacio Ramonet **DER PERFEKTE CRASH**

ZU DIESEM BUCH

Ignacio Ramonet skizziert ein drastisches Bild: Er analysiert, wie sich seit Jahrzehnten die neoliberale Denkweise durchsetzen konnte, bis der aggressive Kapitalismus zur alternativlosen Doktrin erhoben wurde. Er nennt die intellektuellen Grundlagen, auf denen die marktradikale Ideologie fußt, und entwirft eine Chronologie der Katastrophen der vergangenen dreißig Jahre, die nicht nur die heutige Krise als vorhersehbar erscheinen lassen, sondern bereits großes Leid über die Länder der Dritten Welt gebracht haben.

Angetrieben von Profitgier und Spekulationen war schließlich nicht mehr zu bändigen, was ohnehin nie auf Kontrolle ausgerichtet war. Was bleibt, sind Milliardenschulden, wachsende Armut und absurde Sanierungsprogramme. Doch warum retten, was seine Fehler so katastrophal offenbart hat? Eine neue Weltordnung auf sozial verträglichen und ökologisch nachhaltigen Grundlagen muss stattdessen das Ziel sein.

ZUM AUTOR

Ignacio Ramonet, geboren 1943, war von 1991 bis 2008 Chefredakteur der französischen Monatszeitung *Le Monde diplomatique* und ist Professor für Theorie der audiovisuellen Kommunikation in Paris. Er ist Mitbegründer und Ehrenpräsident von Attac und einer der Organisatoren des Weltsozialforums. Zuletzt erschien bei Rotbuch Fidel Castro, *Mein Leben*, zusammen mit ~~Ignacio Ra~~monet.

Ignacio Ramonet

DER PERFEKTE CRASH

KRISE DES JAHRHUNDERTS UND NEUGESTALTUNG DER ZUKUNFT

Aus dem Französischen
von Hans-Joachim Maass

Rotbuch Verlag

Von Ignacio Ramonet liegt bei Rotbuch außerdem vor:
Fidel Castro mit Ignacio Ramonet, Mein Leben (2008)

ISBN 978-3-86789-106-6

Deutsche Erstausgabe, 1. Auflage

Titel der Originalausgabe:
»Le Krach parfait. Crise du siècle et refondation de l'avenier«

Umschlaggestaltung: Buchgut, Berlin
Druck und Bindung: CPI Moravia Books GmbH

Ein Verlagsverzeichnis schicken wir Ihnen gern:
Rotbuch Verlag GmbH
Neue Grünstraße 18
10179 Berlin
Tel. 01805/30 99 99
(0,14 Euro/Min., Mobil abweichend)

www.rotbuch.de

FÜR LAURENCE

BLASE Übermäßige Steigerung der Aktienkurse börsennotierter Unternehmen, die unweigerlich zu einer brutalen Umkehr führt, dem »Platzen« der Blase.

KRISE Blockade der gewohnten Funktionsmechanismen oder der Anpassung der Wirtschaft, wie sie sich in einem Sektor oder im gesamten Wirtschaftssystem zeigt. Die betroffenen Bereiche der Wirtschaft oder der Weltwirtschaft können ihre Schwierigkeiten nicht überwinden, ohne sich zu wandeln.

CRASH Plötzlicher Zusammenbruch der Börsenkurse.[1]

EINFÜHRUNG

Die Erdbeben, die die Börsen und Banken während der »schwarzen Monate« September und Oktober 2008 heimsuchten, haben das Ende einer Ära des Kapitalismus beschleunigt. Das internationale Finanzsystem ist wie niemals zuvor erschüttert worden, schlimmer noch als 1929. Manche Beobachter urteilten, die Welt sei »nur um einen Millimeter dem Abgrund, der wirtschaftlichen Kernexplosion, entgangen«[2]. Das war falsch. Sie ist dem nicht um einen Millimeter entgangen, sie ist direkt in die verheerendste aller Systemkrisen gestürzt, und die Apokalypse ist noch lange nicht zu Ende: Die Krise hat sich in eine globale Rezession verwandelt, und es droht Deflation. Die Welt bewegt sich wahrscheinlich auf eine neue Weltwirtschaftskrise zu – mit all den schmerzhaften Begleiterscheinungen sozialer Verwerfungen im Gefolge.

Staat und Politik sind auf dem Vormarsch. Überall rücken die Regierungen wieder in die erste Reihe vor und finden in ihre Funktion als wichtige Spieler auf dem Feld der Wirtschaft zurück: Sie verstaatlichen Finanzinstitute, pumpen Geld in die Finanzmärkte, verstärken ihre Pläne zur Wiederbelebung der Wirtschaft. Kurzum, sie ersetzen den zusammenbrechenden Markt. Selbst die internationale Geopolitik sieht sich tiefgreifend erschüttert.

Schon hat die Krise in den Vereinigten Staaten das Undenkbare ermöglicht: die Wahl von Barack H. Obama, einem Afroamerikaner, in das Amt des Präsidenten. Seine Aufgabe aber ist nicht leicht. Die Ära George W. Bush markierte den Höhepunkt der weltweiten Hegemonie der Hypermacht

USA, die sich letztlich jedoch als kurzlebig und ineffizient erwies. Die Kriege in Afghanistan und im Irak zeigen, dass sich militärische Vorherrschaft nicht automatisch in politische Siege umsetzen lässt. »Der Zusammenbruch der Sowjetunion nötigte die Vereinigten Staaten, ihre weltweiten politischen Ziele in einer nun anscheinend unipolaren Welt zu definieren«, wie der frühere Außenminister Henry Kissinger bestätigt. »Sie kündeten eher von einem Slogan als von strategischer Machbarkeit. [...] Die Finanzkrise wird jetzt alle großen Länder zwingen, ihre Beziehungen zu Washington zu überdenken. [...] Die Vereinigten Staaten werden ihre Rolle als selbst ernannter Vormund aufgeben und die Grenzen ihrer Hegemonie eingestehen müssen.«[3]

Überdies lässt der Aufstieg Chinas und Indiens vermuten, dass die Tage der Vereinigten Staaten als bedeutendste Wirtschaftsmacht der Welt gezählt sind. Mit anderen Worten: Barack Obama wird inmitten der schwersten Wirtschaftskrise seit einem knappen Jahrhundert gezwungen sein, mit dem »neuen Niedergang« seines Landes fertig zu werden. Was außerordentlich gefährlich werden könnte, denn die Reaktionen eines verwundeten Löwen sind immer unvorhersehbar; darüber hinaus zeigt die Geschichte, »dass es nicht empfehlenswert ist, auf Krisen zu warten. Sie bringen mit höherer Wahrscheinlichkeit einen Hitler oder Stalin als einen Gandhi hervor«[4].

Ebenso wenig wird das Konjunkturtief das Schicksal jener Hälfte der Menschheit verbessern, die sich ohnehin schon weniger als ein Prozent des weltweiten Reichtums teilen muss. Wut- und Gewaltausbrüche sind folglich auf der südlichen Hälfte unseres Planeten zu erwarten, deren Auswirkungen die reichen Länder des Nordens nicht verschonen werden.

Die Krise liefert gewinnorientierten Unternehmen auch einen idealen Vorwand dafür, die Verringerung der Treibhausgase nachrangig zu behandeln. Das wird wiederum den

Klimawandel mit all seinen negativen Konsequenzen beschleunigen.

Diese Wirtschaftskrise bedeutet vielleicht nicht das Ende des Kapitalismus, der auch schon andere Krisen erlebt und sich wieder davon erholt hat. Sie markiert aber sehr wohl das Ende der deregulierten Wirtschaft und damit einer ganzen Ära: des Zeitalters des Ultraliberalismus, des mafiosen Kapitalismus und der Globalisierung der Finanzmärkte, deren Opfer in den Industrieländern mehrheitlich der Mittelstand und die Arbeitnehmer sind. Diese werden jetzt überdies mit ihren Steuern und Ersparnissen die Pläne zur Restauration eines Bankensystems bezahlen, das immer noch mit einer wahnsinnigen Spekulationsgier gedopt ist. Dessen Todesstoß markierte die Festnahme von Bernard Madoff in New York am 11. Dezember 2008, eines legendären Börsenmaklers, der 50 Jahre lang in ein betrügerisches Schneeballsystem verwickelt war, mit dem er seine Anleger um geschätzte 37,5 Milliarden Euro betrog. Inzwischen ist Madoff zu 150 Jahren Gefängnis verurteilt worden, ohne Chance auf eine Aussetzung der Strafe zur Bewährung.

Aber viele Menschen haben das Gefühl, dass der Staat sie im Stich lässt, während er gleichzeitig schuldige Banker rettet und diese zudem mit skandalösen »vergoldeten Rettungsschirmen« geradezu belohnt. Dieses Gefühl von Ungerechtigkeit löst schon jetzt massenhaft Wut aus, wie man sie lange nicht mehr gesehen hat.

Ist es ein Zufall, dass die Jugend in Griechenland unter dem Schlachtruf »Kugeln für die Jungen, Geld für die Banken« auf die Straßen der größten Städte geht, um gegen den Tod eines jungen Mannes zu protestieren, der am 6. Dezember 2008 von Polizeikräften erschossen wurde? In dem von der Krise mit voller Wucht getroffenen Land, in dem – wie in anderen Ländern der Europäischen Union auch – die Gehälter im öffentlichen Sektor von Privatisierungen betroffen sind, in dem die Beamten Opfer der drastischen Haushaltskürzungen sind, in dem die Universitäten, das Rentensystem und die Krankenversicherung durch Privatisierung bedroht sind und in dem landesweit die Gehälter eingefroren bleiben[5], haben die zornigen jungen Griechen gezeigt, dass sie vom herrschenden Wirtschafts- und Sozialmodell die Nase gestrichen voll haben: »Wir haben es satt, zu sehen, wie unser Leben ausgeplündert wird.«[6] Da dieses Gesellschaftsmodell auch überall sonst in der Europäischen Union vorherrscht, wie wollte man da ausschließen, dass sich vergleichbare Unruhen nicht auch in anderen Ländern ereignen?

In den Vereinigten Staaten erklärt Moisés Naïm, Herausgeber der Zeitschrift *Foreign Policy*: »Es herrscht das Gefühl vor, man solle die ›Diebe der Wall Street‹ lynchen, die Asylbewerber zurückschicken, die uns ›unsere Jobs‹ wegnehmen, die multinationalen Konzerne stoppen, die ›unsere Arbeitsplätze‹ nach Indien verlagern, und die Reichen zur Verantwortung ziehen, die nicht genug Steuern zahlen.«[7]

Die Krise wird lange anhalten. Es wird zu ungeheurem sozialen Leid kommen, das gleichwohl nicht vergeblich sein muss. Wir sollten »diese Gelegenheit nicht ungenutzt verstreichen lassen«, sondern von dem Schock profitieren, um endlich das internationale Wirtschaftssystem sowie das ungerechte und überholte Entwicklungsmodell zu ändern. Man sollte vielmehr beide auf gerechtere, solidarischere und demokratischere Grundlagen stellen.

EINE REVOLUTION

Der Zusammenbruch an der Wall Street und sein weltweiter »Dominoeffekt« im internationalen Finanzsystem lassen sich mit dem vergleichen, was auf geopolitischem Gebiet der Fall der Berliner Mauer darstellte: eine Veränderung der Welt und eine kopernikanische Wende. Dieses Debakel hat für den Kapitalismus die gleichen Ausmaße wie der

Zusammenbruch der Sowjetunion für den Kommunismus. Der Essayist Emmanuel Todd bestätigt: »Wir erleben einen Zusammenbruch des Ultraliberalismus, der sich mit dem des kommunistischen Modells 20 Jahre zuvor vergleichen lässt.«[8]

Der Sozialwissenschaftler Immanuel Wallerstein ist da pessimistischer: »Wir sind jetzt in die Endphase des kapitalistischen Systems eingetreten. Was diese Phase von der ununterbrochenen Abfolge von Konjunkturzyklen früherer Zeiten unterscheidet, ist die Tatsache, dass es dem Kapitalismus nicht mehr gelingt, systembildend zu sein in dem Sinne, wie Ilya Prigogine (1917–2003) es versteht: Wenn ein biologisches, chemisches oder soziales System allzu sehr und allzu oft von seinem Gleichgewichtszustand abweicht, ist es nicht mehr in der Lage, das Gleichgewicht zurückzugewinnen. Folglich hilft man ihm dabei, eine Ausweichmöglichkeit zu finden. Die Situation wird für die Kräfte, die das System bislang beherrscht haben, chaotisch und unkontrollierbar. Und dann sieht man einen Kampf ausbrechen – nicht allein zwischen den Trägern und den Gegnern des Systems, sondern unter allen Akteuren –, um zu entscheiden, wodurch es ersetzt werden soll. Ich behalte die Verwendung des Wortes ›Krise‹ für diesen Typus von Epoche vor. Nun ja, wir befinden uns in einer Krise. Der Kapitalismus steht kurz vor seinem Ende.«[9] Es handelt sich somit nicht einfach um eine Krise, sondern um eine Revolution.

Es genügt zu sehen, wie seitdem an der Wall Street, im Allerheiligsten des Kapitalismus, das wirtschaftliche Dogma der letzten Jahrzehnte schlechthin – die fast sakrale Macht des Marktes – in Zweifel gezogen wird. Die größten Gurus des Finanz-Pantheons, bislang in ihrer Bewunderung eines deregulierten Marktes erstarrt, winden sich nun und schwören ihrem alten Glauben ab, flehen den Staat an, ihnen ihre Sünden zu vergeben und ihnen zu Hilfe zu kommen. Sie konvertieren in Massen zu Theorien, die gestern noch als häretisch oder archaisch galten: zu den Ideen des britischen Ökonomen John Maynard Keynes (1883–1946), eines Verfechters staatlicher Interventionen zur Stimulierung der Wirtschaft. Heuchlerisch buhen manche neuerdings wohlbekannte Steueroasen aus, schmähen die Hedgefonds und verdammen die Boni von Bankern und Börsianern.

Das Modell jener Länder, die sich für den Keynesianismus entschieden und einen bestimmten Typus von Wirtschaftsregulierung beibehalten haben, wird jetzt gefordert. Christian Chavagneux beobachtet: »Von Südkorea über Indien bis nach China sind wirtschaftliche Erfolge in den letzten Jahrzehnten gerade bei den Staaten zu verzeichnen, die dem liberalen Konsens aus dem Weg gegangen waren.«[10] Selbst wenn die Wirkung der Krise sich auf dem ganzen Globus bemerkbar machen wird, werden wohl jene Volkswirtschaften, in denen das Handeln des Staates in den Dienst der Entwicklung gestellt wurde, besser daraus hervorgehen. Was Lateinamerika betrifft, so fällt das Interesse dort an Mechanismen auf wie etwa dem politischen Bündnis der Bolivarianischen Allianz für die Völker unseres Amerika (ALBA), dem durch die ALBA-Staaten geschaffenen Stabilitäts- und Reservefonds SUCRE (Système unitaire de compensation régionale), dem sich die Staaten der Äquatorzone angeschlossen haben, der Bank des Südens oder der Idee einer Bank der Organisation erdölexportierender Länder (OPEC), wie sie der venezolanische Staatspräsident Hugo Chávez vorgeschlagen hat.

EINE ERINNERUNG, DIE ANGST MACHT

Wird es den spektakulären Rettungsplänen der Europäer und Amerikaner gelingen, das Abgleiten des Kapitalismus in den Abgrund aufzuhalten? Henry Paulson, amerikanischer Finanzminister in der Regierung von George W. Bush und Urheber eines mehr als 500 Milliarden Euro schweren Konjunkturprogramms, bezweifelt es selbst: »Trotz der Bedeutung unserer Intervention werden weitere Finanzinstitutionen insolvent werden.«[11]

Einige Analysten schließen übrigens nicht einmal mehr ein »schwarzes Szenario« aus, bei dem die Zentralbanken es nicht schaffen, die weltweite Nachfrage wiederzubeleben. Dazu könnte es kommen, sollten die Kreditmärkte weiter blockiert bleiben oder sollte die US-amerikanische Federal Reserve ihre Zinssätze nicht weiter senken können.[12]

Wirtschaftshistoriker haben den schrecklichen Crash der Wall Street von 1929 und die »Mutter aller Krisen«, die daraus hervorging, zwar nicht vergessen, aber sie haben jetzt vor allem den »schleichenden Börsencrash« in Japan im Laufe der neunziger Jahre vor Augen, der ebenfalls durch das Platzen spekulativer Immobilien- und Finanzblasen ausgelöst worden war. Ein Phänomen, das für die japanische Wirtschaft ein »weißes Jahrzehnt« eingeläutet hatte.

Nach dem gleichen Muster, das wir auch bei der jetzigen Finanzkrise beobachten, hatte der japanische Börsenkrach von 1990 einen gefährlichen Teufelskreis in Gang gebracht: eine Kreditklemme mit Konkursen im Gefolge sowie Verkäufe bislang einträglicher Immobilien, die wiederum zum Preisverfall beitrugen – mit weiteren Kettenreaktionen: Die Industrieproduktion brach ein, die Binnennachfrage stürzte ab, die Zahl der Konkurse verzehnfachte sich und die der Arbeitslosen explodierte.

Ein im Juli 1998 von Ministerpräsident Keizo Obuchi verkündetes ehrgeiziges Programm zur Wiederbelebung versprach den Einsatz von umgerechnet 400 Milliarden Euro. Diese waren dafür gedacht, die Banken wieder mit Kapital zu versorgen und ihre bedenklichen Außenstände zu übernehmen. Ohne großen Erfolg: 7 Banken wurden am Ende verstaatlicht, 61 geschlossen und 28 zu Fusionen genötigt.

Die Deflationsspirale traf die Tokyoter Börse, der Nikkei-Index stürzte ab; die Immobilienpreise purzelten um 70 Prozent. Die Verluste von Immobilien- und Börsenanlagen zwischen 1990 und 1997 wurden auf rund 7000 Milliarden Euro geschätzt, was 24 Prozent des japanischen Bruttoinlandsprodukts entsprach, mit anderen Worten: Mehr als zwei Jahre Wachstum waren dahin.[13] Ein Alptraum, der die Regierungen der Welt heute noch schaudern lässt.

Und dies umso mehr, als – einer kürzlich veröffentlichten Studie über 127 Wirtschaftskrisen zufolge, die im Verlauf der letzten 30 Jahre in gut 30 Staaten untersucht worden sind, – der Internationale Währungsfonds (IWF) bestätigt, dass die Krisen gerade in den Ländern »für die Realwirtschaft besonders intensiv, anhaltend, tiefgreifend und schädlich sind«[14], die sich erst seit kurzem im Immobilien- und Bankensektor stärker engagieren.

Nach den Stürmen auf den Finanzmärkten im September und Oktober 2008 hatten die Auswirkungen des Crashs an der Wall Street innerhalb weniger Wochen alle fünf Kontinente erreicht: Die Börse von Reykjavik hatte 94 Prozent an Wert verloren, die von Moskau und Bukarest 72 Prozent, die von Shanghai 69 Prozent, die von Athen und Mumbai 50 Prozent, die von São Paulo 45 Prozent und die Börse von Johannesburg 40 Prozent. Im Januar 2008 hatte der Wert der acht großen Börsen der Welt – New York, Tokyo, London, Frankfurt, Paris, Amsterdam, Brüssel und Lissabon – zusammengenommen 23 500 Milliarden Euro erreicht. Zehn Monate später war er auf die Hälfte eingeschmolzen.

Mit einem Schlag vernichtete der Börsencrash also rund 14 000 Milliarden Euro. Das entspricht dem fünffachen Bruttoinlandsprodukt Frankreichs.[15] In weltweitem Maßstab sind das etwa 20 000 Milliarden Euro, die sich in Luft aufgelöst haben, der Gegenwert von zehn Jahren Wirtschaftswachstum in Frankreich. In mehreren Ländern stürzten die Währungen in wenigen Stunden ab: Die indische Rupie verlor 10 Prozent ihres Wertes, der mexikanische Peso 14 Prozent, der polnische Złoty 22 Prozent, der brasilianische Real

30 Prozent. Und andere Länder, wie etwa Indonesien, die Philippinen oder Tschechien, mussten einem erheblichen Druck auf ihre Währungen standhalten. Denn während der Krise überfielen die Spekulanten, selbst auf die Gefahr hin, dass das Chaos sich weiter ausbreitete, die schwächsten Staaten und attackierten deren Währungen, um weiterhin Gewinne einzustreichen, wie Aasgeier, die sich an ihrer Beute gütlich tun.

Island ist inzwischen bankrott. Andere europäische Länder, beispielsweise die Ukraine und Ungarn, mussten auf die Hilfe des Weltwährungsfonds zurückgreifen, wie es in den Jahrzehnten davor üblicherweise Staaten der Dritten Welt getan hatten.

Die mit faulen amerikanischen Immobilienkrediten *(Subprimes)* zusammenhängenden Verluste werden auf mehr als 1000 Milliarden Euro geschätzt. Die amerikanischen Behörden hatten Mitte November 2008 schon mehr als 1500 Milliarden Euro aufgewandt, um einen ersten Versuch zur Rettung ihres Finanzsystems zu unternehmen. Das ist mehr, als seit 2001 in die Kriege in Afghanistan und im Irak investiert wurde. Die großen Banken der Welt brauchen aber immer noch Hunderte Milliarden von Euro, was sie dazu bewogen hat, die Kreditvergaben an Unternehmen wie Privatkunden deutlich einzuschränken – mit katastrophalen Folgen für die Wirtschaftstätigkeit.

STEHT UNS EIN SOZIALER ALPTRAUM BEVOR?

Auf dem Immobiliensektor schlägt die Krise am härtesten zu. In Großbritannien, Irland und Spanien zum Beispiel finden Millionen von Wohnungen und Häusern keine Käufer mehr. Die Preise für Wohnungen erreichten einen Tiefpunkt, die Preise für Baugrund verfielen ebenfalls. Die Hausse der Immobilienkredite ebenso wie die Furcht vor einer Rezession stürzten den ganzen Sektor in eine teuflische Abwärtsspirale, was in der Bauindustrie insgesamt zu verheerenden Auswirkungen führte. Sämtliche Unternehmen dieser Branche befinden sich jetzt im Auge des Zyklons. Tausende Arbeitsplätze sind vernichtet.

Die Finanzkrise verwandelt sich in eine soziale Krise und lässt dabei autoritäre Politikstile wieder attraktiv werden. So haben beispielsweise unter Berufung auf die »Rückführungsrichtlinie«, die am 18. Juni 2008 vom Europäischen Parlament gebilligt wurde, mehrere europäische Regierungen schon jetzt ihre Absicht verkündet, Tausende von Gastarbeitern in ihre Herkunftsländer abzuschieben.

Das National Bureau of Economic Research (NBER) mit Sitz in Washington, das unter anderem offiziell damit beauftragt ist, Anfang und Ende von Wirtschaftszyklen zu datieren, verkündete am 1. Dezember 2008, dass die wirtschaftliche Rezession ein Jahr zuvor begonnen habe, nämlich im Dezember 2007[16] – mit dem Resultat, dass die Vereinigten Staaten im November 2008 eine zehn Monate anhaltende Vernichtung von Arbeitsplätzen registrieren mussten, was 34 Jahre lang nicht mehr vorgekommen war. Im Verlauf des Novembers 2008 wurde darüber hinaus mitgeteilt, dass 673 000 mehr Menschen arbeitslos geworden seien, was seit 15 Jahren nicht mehr vorgekommen war. Diese Meldungen hatten an der New Yorker Börse eine neue Reihe verhängnisvoller Ereignisse zur Folge, die schlimmsten seit dem Crash von 1987. Der Dow-Jones-Index fiel zunächst um 7,33 Prozent, dann weiter auf den niedrigsten Stand seit fünf Jahren, was die Börsenmakler in Angst und Schrecken versetzte. Einer von ihnen erklärte: »Wir stellen fest, dass es auf den Märkten einen absoluten Rückgang an Indexwerten gegeben hat.«[17] Die Arbeitslosigkeit belief sich auf 6,7 Prozent der arbeitsfähigen Bevölkerung, dem höchsten Stand seit 1983. Allein im Finanzsektor wurden an der Wall Street 200 000

Arbeitsplätze gestrichen, davon allein 53 000 durch die Citigroup.[18]

Anfang Dezember 2008 glitt auch Frankreich in die Rezession ab, und die Arbeitslosigkeit erreichte neue Höchstwerte. Die Zahl der Erwerbslosen überstieg die Grenze von zwei Millionen. Die Unedic, die die Arbeitslosenversicherung verwaltet, schätzte, dass es 162 000 zusätzliche Arbeitsuchende geben würde, sollte sich das Wirtschaftswachstum 2009 auch nur um ein Prozent verringern. Die Armut hat sich ebenfalls verschlimmert: Ende Dezember 2008 waren annähernd 800 000 Personen – gegenüber 700 000 im Jahre 2007 – genötigt, sich an Hilfsorganisationen zu wenden, allein um ihre Ernährung sicherzustellen.

In Spanien, wo die Wirtschaft, deren Grundlage das Baugewerbe und der Tourismus sind, seit 15 Jahren nur gewachsen war, registrierten die Statistiken im Oktober 2008 die stärkste Zunahme der Zahl arbeitsuchender Menschen jemals, nämlich um 192 658 in einem einzigen Monat. Im folgenden waren es noch einmal 171 200! Die Gesamtzahl der Spanier ohne Beschäftigung erreichte drei Millionen, was 37,5 Prozent mehr gegenüber dem Vorjahr entsprach. Und die Analysten der Schweizer UBS verkündeten, dass die Zahl der Arbeitsuchenden in Spanien 2009 die Zahl von vier Millionen erreichen würde, also 16 Prozent der arbeitsfähigen Bevölkerung.[19]

Die westlichen Industriestaaten, zu denen auch die Länder der Europäischen Union gehören, griffen auf »Finanzinnovationen« zurück, um die sehr hohen Rentabilitätsspannen für Investoren und die märchenhaften Gehälter von Bankern zu garantieren. Diese Länder mussten auch die härtesten Schläge einstecken. Der Internationale Währungsfonds schätzte, dass ihre Volkswirtschaften 2009 das schwächste Wachstum seit 27 Jahren erleben würden.

Ronald Cohen, ein dem britischen Premierminister Gordon Brown nahestehender Financier, warnte, »dass die bevorstehende Wirtschaftsflaute den gleichen Ausschlag nach unten haben könnte wie der Gipfel, den die Volkswirtschaft in den letzten 15 Jahren erklommen hatte. Nur wenige Sektoren werden verschont bleiben. [...] Die Arbeitslosigkeit und die Zwangsvollstreckungen werden Millionen Menschen betreffen und überall in der Welt zu sozialen Explosionen führen.«[20] Aus diesem Grund haben die Spitzenpolitiker Europas die Unruhen in Griechenland im Dezember 2008 mit großer Aufmerksamkeit verfolgt. Sie haben darin eine »Warnung« gesehen, die sich mit immer neuen Phasen der Verarmung, die durch die Krise ausgelöst werden, in anderen Ländern wiederholen könnte.[21] Sie sehen sehr wohl, dass die Unruhen und Plünderungen oft Reaktionen der sozial Schwächeren auf das Absinken der Kaufkraft sind. Die Welt befindet sich auf dem Weg in ihren schlimmsten wirtschaftlichen und sozialen Alptraum.

EINE KRISE, DIE SICH ÜBER DIE GANZE WELT AUSBREITET

Die Schockwellen des Crashs erreichten auch die Staaten der südlichen Halbkugel. Die verwundbaren Gesellschaften der Entwicklungs- und Schwellenländer wurden mit voller Wucht getroffen. Wie die Welternährungsorganisation (FAO) vermeldet, erhöhte sich 2008 die Zahl der Menschen, die dauerhaft Hunger leiden, infolge der stark gestiegenen Lebensmittelpreise sprunghaft: von 840 auf 963 Millionen. Unterdessen hat man sich in den reichen Ländern vor allem um die Kraftstoffversorgung der 800 Millionen Fahrzeuge gekümmert, die auf den Straßen der Welt umherfahren.

Die Vereinten Nationen warnen die Industriestaaten davor, angesichts der Krise mit einer drastischen Kürzung der insgesamt 76 Milliarden Euro schweren Etats für Entwicklungshilfe zu liebäugeln. Dies würde für Millionen von Menschen dramatische Konsequenzen haben, was Ernährung, medizinische Versorgung und Bildung betrifft.[22]

Dem Internationalen Währungsfonds (IWF) zufolge haben zahlreiche Länder der südlichen Halbkugel wegen der Krise ebenfalls Liquiditätsprobleme, weil die internationalen Investoren ihr Privatkapital abziehen und die ausländischen Banken ihre Kreditlinien kürzen. Am Ende des Gipfels der G20-Staaten am 15. November 2008 in Washington erklärte der brasilianische Finanzminister Guido Mantega: »In dem Umfang, in dem diese Krise sich verschärft, wird sie für die Entwicklungsländer Konsequenzen haben. Wenn es keine Liquidität mehr gibt, werden die Investitionsfonds ihr Geld aus diesen Ländern abziehen, um in den Vereinigten Staaten oder Europa Löcher zu stopfen.«[23]

In China sind die Wachstumsraten zum ersten Mal seit mehr als zehn Jahren unter zehn Prozent gesunken. Allein in der Region Guangdong sind infolge des plötzlichen Exporteinbruchs im Lauf des letzten Quartals 2008 9000 von 45 000 Fabriken stillgelegt worden.[24] Im gesamten Land haben mehr als 20 Millionen Menschen ihre Arbeit verloren und rund 70 000 Unternehmen Konkurs angemeldet.[25] Angesichts des unerwarteten Umfangs der Katastrophe hat die Regierung am 10. November 2008 einen gigantischen Plan zur konjunkturellen Wiederbelebung angekündigt, ausgestattet mit einer Summe von mehr als 450 Milliarden Euro, um den Binnenmarkt zu stimulieren und Wachstum zu ermöglichen.

Selbst in Lateinamerika, wo die umsichtige Anwendung keynesianischer Politik (besonders in Venezuela, Ecuador und Bolivien) es ermöglicht hat, an frühere Wachstumsraten anzuknüpfen, machen sich die Auswirkungen des Crashs bemerkbar. In Brasilien beispielsweise drohen der Kursverfall des Real, das Absinken der Exporte und der rasante Preisanstieg bei Rohstoffen, das Wachstum abzuwürgen, das 2009 um etwa drei Prozent auf die Hälfte des Vorjahreswertes zurückgehen könnte. Auch Argentinien ist betroffen. Das Land kündigte am 7. November 2008 die Verstaatlichung seines privaten Rentensystems an – durch eine Kapitalisierung, wie sie schon die ultraliberalen Regierungen in den achtziger Jahren durchsetzten. Infolge des Zusammenbruchs der Börsen waren dort (aber auch in Chile, Bolivien, Uruguay, Peru und Mexiko) die Pensionsrücklagen innerhalb von zwei Monaten weggeschmolzen wie Schnee in der Sonne. Nachdem sie ein ganzes Leben lang Beiträge gezahlt hatten, sahen sich Millionen von Rentnern plötzlich ausgenommen und um alles gebracht. Ihre Renten waren zum Leben zu wenig, zum Sterben zu viel. »Wir treffen diese Entscheidung in einem internationalen Zusammenhang, in dem die wichtigsten Länder der G8 und andere eine Politik zum Schutz der Banken wirksam werden lassen. Wir schützen unsere Rentner und unsere Arbeiter«, wie Präsidentin Cristina Fernández de Kirchner bemerkte.[26]

Um die Banken zu retten, haben die Staatschefs der reichsten Länder es innerhalb weniger Monate geschafft, mehrere Wirtschaftsgipfel zu organisieren und mehr als 2300 Milliarden Euro aufzubringen. Aber was wurde unternommen, um die Hälfte der Menschheit zu retten, die in Armut lebt? So gut wie nichts. Dennoch könnte man den Vereinten Nationen zufolge mit einer fünfzigmal geringeren Summe jedem Bewohner unseres Planeten Trinkwasser, eine ausgewogene Ernährung, eine medizinische Grundversorgung und eine elementare Schulbildung bieten.[27]

Und wie lange wird die Krise anhalten? »20 Jahre, wenn wir Glück haben, oder mindestens 10 Jahre, wenn die Verantwortlichen mit Stärke handeln«, prognostiziert der Leitartikler der *Financial Times* Martin Wolf.[28] Zu pessimistisch? Eines scheint gewiss: Die Krise wird lange andauern und weder Europa noch den Rest der Welt verschonen.

1. DIE KRISE DES JAHRHUNDERTS

ARCHÄOLOGIE DES CRASHS

DIE DREI ORAKEL

Am 15. August 1971 hatte alles begonnen. An diesem Tag verkündete der amerikanische Präsident Richard Nixon, dass die Vereinigten Staaten die bis dato festgelegte Konvertibilität des US-Dollars in Gold aufheben würden. Damit war das 1944 in Bretton Woods vereinbarte Weltwährungssystem am Ende. Und dieser Tag markierte auch die Geburtsstunde dessen, was man wohl den »neuen Kapitalismus« nennen darf: Er stellte die monetäre Bewegungsfreiheit Washingtons wieder her, eröffnete den Weg zu radikaleren Maßnahmen der finanziellen Deregulierung und ermöglichte den Aufschwung der neoliberalen Globalisierung.

In den folgenden Jahren gelangten die Theoretiker der monetaristischen Schule, die sich an der Universität von Chicago zusammengetan hatten, an die Macht. Zunächst konnten sich um 1974 Beratergremien und Regierungsmitglieder in der unmittelbaren Umgebung von General Suharto in Indonesien und von General Pinochet in Chile etablieren, dann, 1979, unter Margaret Thatcher in Großbritannien und 1980 schließlich unter Ronald Reagan in Washington. Im Namen einer »konservativen Revolution« propagierten sie einen aggressiven Neoliberalismus, der noch durch einen militanten Anti-Keynesianismus verstärkt wurde, nur um am Ende doch wieder zur langjährigen Tradition der ökonomischen und sozialen Intervention des Staates zurückzukehren. Die Schwächung der Gewerkschaften war ihr vorrangiges Ziel. Anschließend fiel es ihnen umso leichter, Wirtschaften zu deregulieren und eine Vielzahl von Privatisierungen vorzunehmen. So begann die Ära des Neoliberalismus, eine Heimsuchung, die sich über die ganze Welt ausbreitete.

Sie gründet sich auf die Thesen von drei Volkswirtschaftlern, den »Orakeln« des Neoliberalismus: Joseph Schumpeter (1883–1950), Friedrich von Hayek (1899–1992) und Milton Friedman (1912–2006). Sie haben das Feld der Kapitalismus-Theorien nunmehr 30 Jahre lang beherrscht.

SCHUMPETER UND DIE »SCHÖPFERISCHE ZERSTÖRUNG«

Joseph Schumpeter zufolge setzen der technologische Fortschritt und das Handeln der Unternehmer die Wirtschaft im Rahmen des freien Wettbewerbs in Bewegung. Das würden sie einem unbeweglichen Staat verdanken, was aber im Zusammenspiel regelmäßig Krisen auslöse. Schumpeter zufolge sei dies eine schlichte Konsequenz der wirtschaftlichen Innovation und inhärenter Bestandteil der kapitalistischen Logik. Eine Krise sei irgendwie »natürlich«, eine notwendige Phase und für den wirtschaftlichen Fortschritt sogar nützlich. Schumpeter stellte darüber eine Theorie auf und sprach von »schöpferischer Zerstörung«. Die Opfer der Krisen – entlassene Arbeitnehmer, ausgenommene Sparer, ruinierte Kleinunternehmer – sind in seinen Augen nichts weiter als »Kollateralschäden«. Wichtig sei, dass sich der Kapitalismus jedes Mal erneuere; bis zur nächsten Krise.

HAYEK UND DER »MINIMALE STAAT«

Der Österreicher Friedrich August von Hayek war noch weit ideologischer. Er war der wahre Vordenker und Prophet der Neoliberalen. Er kritisierte jede Form von Regulierung der

Wirtschaft unter dem Vorwand, diese sei zu komplex und niemand könne für sich in Anspruch nehmen, diese organisieren zu können. Er verfocht eine schlichte Konzeption von Staatlichkeit, eine »eingeschränkte Demokratie«, und plädierte für die Abschaffung sozialer Interventionen und öffentlicher Haushalte. Sein wichtigstes Ziel war die Zerschlagung des »Wohlfahrtsstaats«.

Seine Vorstellung vom »minimalen Staat«, der jeder Möglichkeit zu einer wirtschaftlichen Intervention beraubt ist, und seine Idee vom »Markt, der immer recht hat« und dessen spontane Selbstregulierung nicht verplant werden dürfe (eine Apologie des Laissez-faire), sind im Verlauf von drei Jahrzehnten die Eckpfeiler eines quasi-religiösen Dogmas für die Neoliberalen geworden – eine »allein seligmachende Wahrheit« in Fragen der Ökonomie.

Hayek war der Ansicht, dass der »minimale Staat« es erlaube, die Macht des Mittelstands zu umgehen. Dieser kontrolliere den demokratischen Prozess mit dem Ziel, auf dem Umweg über das Steuersystem die Umverteilung von Reichtümern zu seinen Gunsten zu erreichen. Eine weitere These: Der Staat dürfe nicht im Namen der »sozialen Gerechtigkeit« die Umverteilung des Reichtums garantieren.

In seinen berühmtesten Werken, *Der Weg zur Knechtschaft* (1944) und *Verfassung der Freiheit* (1960), hat Hayek sein Programm dargelegt: Deregulierung, Privatisierung, Einschränkung der Demokratie, Abschaffung von Wohngeldern und Mietkontrolle, Verringerung der Arbeitslosenbeihilfen, Senkung der Ausgaben für soziale Absicherung und schließlich die Entmachtung der Gewerkschaften. 1976 verstieg er sich sogar dazu, die Entnationalisierung des Geldes vorzuschlagen, das heißt die Privatisierung der Zentralbanken, um die Geldschöpfung den Mechanismen des Marktes zu unterwerfen.

Diese Ideen setzten sich schließlich unter den liberalen Ökonomen durch, den Gegnern des Briten John Maynard

Keynes. Er hatte die Politik des *New Deal* von US-Präsident Franklin D. Roosevelt und die Weltwährungsordnung, wie sie 1944 in Bretton Woods verabschiedet wurde, angeregt. Keynes machte die Vollbeschäftigung zu einem entscheidenden Ziel. Er glaubte, dass der Kapitalismus den Staat brauche, um die Wirtschaft mit Hilfe öffentlicher Investitionen zu stimulieren. Er war außerdem der Ansicht, dass die Märkte besser funktionierten, wenn sie von Regulierungsmechanismen eingerahmt würden, über die allein der Staat entschied.

Im Gegensatz zu diesen keynesianischen Thesen – die allerdings die »Stagflation« (Inflation ohne Wachstum) während der siebziger Jahre in den westlichen Volkswirtschaften nicht hatten verhindern können – setzten die Anhänger des Neoliberalismus, unterstützt durch eine eindrucksvolle Batterie von *Thinktanks*, ihre Analysen durch. Sie sollten innerhalb der Volkswirtschaftstheorie eine außergewöhnliche Hegemonie ausüben und sich alsbald auch in Regierungshandeln niederschlagen, insbesondere nach der Wahl von Margaret Thatcher in Großbritannien und der von Ronald Reagan in den Vereinigten Staaten.

Diese intellektuelle Vorherrschaft spiegelt sich auch in der Vergabe des wichtigsten Preises für Wirtschaftswissenschaftler wider: 1974 wurde Hayek der Wirtschaftsnobelpreis[29] zugesprochen, der in den darauffolgenden Jahren nicht weniger als fünf weiteren seiner ultraliberalen Freunden zuerkannt wurde: Milton Friedman 1976, George Stigler 1982, James Buchanan 1986, Ronald Coase 1991 und Gary Becker 1992.

MILTON FRIEDMAN UND DIE KAPITALISTISCHE GEWALT

Das dritte »Orakel«, dessen Thesen bei der Durchsetzung des neoliberalen Kurses entscheidenden Einfluss ausgeübt haben, ist Milton Friedman. Der amerikanische Theoretiker ist der eigentliche Urheber der neuen kapitalistischen Gewalt. Sein Ausgangspostulat lautet: »Die freie Marktwirtschaft ist ein perfektes wissenschaftliches System, in dem dessen Teilnehmer in ihrem eigenen Interesse handeln und damit für alle die denkbar größten Vorteile schaffen.«[30] Ihm zufolge hat der Staat nur die einzige Funktion, »unsere Freiheit gegen deren äußere Feinde und auch vor unseren Mitbürgern zu schützen. Er sorgt für die Herrschaft von Recht und Ordnung, achtet darauf, dass private Verträge respektiert werden, und begünstigt den Wettbewerb.« Das ist alles. Vor allem beschäftigt er sich nicht mit Ökonomie, sondern hat allenfalls die Pflicht, das Laissez-faire und den freien Warenaustausch zu fördern.

Nach Friedman hat eine Regierung, die an die Macht gelangt ist (auf dem Umweg über demokratische Wahlen oder durch einen Staatsstreich) die vordergründige Zielsetzung, umgehend radikale ökonomische Veränderungen durchzusetzen, mit welchen sozialen Kosten auch immer. »Eine neue Regierung genießt eine Gnadenfrist von sechs bis neun Monaten, in der sie grundlegende Veränderungen vornehmen kann. Wenn sie diese Zeit nicht zu entschlossenem Handeln nutzt, wird sich nie wieder eine solche Gelegenheit bieten.«

Während dieses kurzen Zeitraums müssten die neuen Behörden ihr neues volkswirtschaftliches Konzept durchsetzen und notfalls zu einer »Schocktherapie« greifen.[31] Gleichzeitig sollten sie eine echte Propagandakampagne entwickeln, die von den herrschenden Medien verbreitet werden müsste, um den Menschen unablässig einzutrichtern, dass jede ökonomische Schwierigkeit – beispielsweise eine stark gestiegene Arbeitslosenzahl – auf die Tatsache zurückzuführen sei, dass »der Markt nicht frei genug sei«.

Ihr ideologischer Fanatismus brachte einige dieser Wissenschaftler sogar dazu, mit Diktaturen zu kollaborieren. Milton Friedman selbst begab sich im März 1975 nach Chile, wo zahlreiche seiner früheren Studenten der Universität von Chicago als Berater von Augusto Pinochet tätig waren. Am 21. März traf er mit dem Diktator zusammen.[32] Sein Besuch war ein »Erfolg«. Schon im darauffolgenden Monat verkündeten die chilenischen Behörden ihre »Schocktherapie«: Privatisierung bestimmter Unternehmen des öffentlichen Sektors, Einführung des freien Warenverkehrs und Abschaffung von Zollbarrieren, Freigabe der Preise für Tausende von Produkten, Kürzung des Staatshaushalts und Entlassung Tausender von Beamten, Einwilligung zum Abzug aller Gewinne von ausländischen Investoren, Aufhebung des Kündigungsschutzes für Angestellte, Einführung der »Flexibilität« im Arbeitsrecht, Privatisierung des Gesundheits- und Rentensystems etc[33].

Auch der »Wirtschaftspapst« Hayek besuchte Chile mehrmals und schreckte 1981, mit Bezug auf Pinochet, nicht einmal vor der Erklärung zurück: »Ich persönlich ziehe eine liberale Diktatur einer demokratischen Regierung vor, in der der Liberalismus fehlt.«[34]

Hayek behauptete, dass der Aufstieg von Faschismus und Nationalsozialismus in Italien und in Deutschland in den zwanziger und dreißiger Jahren insgesamt nichts weiter gewesen sei als eine Reaktion auf die »sozialistischen Exzesse« der vorherigen Periode.[35] Mussolini, Hitler, Franco oder Pinochet hätten ihren Aufstieg bis an die Staatsspitze ausschließlich den sozialistischen Experimenten zu verdanken, die ihnen vorangegangen seien. In seinen Augen war der Sozialismus der wahre Schuldige, mit seiner Planung, dem staatlichen Interventionismus und den Eingriffen in das Verhältnis von Angebot und Nachfrage. Die Einführung von »Wirtschaftsdiktaturen« sei nichts weiter als eine Konsequenz dessen gewesen.

Eine solche Analyse erklärt, weshalb viele Schüler Hayeks nicht zögerten, mit diktatorischen Regimes zusammenzuarbeiten und sie zu beraten, wenn sie neoliberalen »Schocktherapien« gegenüber aufgeschlossen waren.

NEOLIBERALISMUS UND DEMOKRATIE

Im Grunde unterhält der Neoliberalismus eine unglückliche Beziehung zur Demokratie, die Hayek nur als eine »begrenzte« akzeptieren mochte. Er arrangierte sich lieber mit autoritären Regimes, die notfalls mit Terror die wirtschaftlichen und sozialen Umwälzungen durchsetzen konnten, die Teile seiner Theorie waren. Dorval Brunelle, Politologe an der Universität Québec, meint: »Der Ultraliberalismus fordert eine tiefgreifende Veränderung der politischen Regierungsform; eine Transformation, aufgrund derer die Ausübung der Macht dazu führt, dass sie sich gegen die Macht richtet. Diese Umkehrung von Sinn und Zielrichtung von politischer Macht führt zu einer einschneidenden Veränderung von Verwaltung und Pflege des öffentlichen Wohls. Der Ultraliberalismus spielt folglich eine Hauptrolle bei der Umwandlung eines Staates, von Regierungen und öffentlichen Mächten, die sich nach dem Verzicht auf ihre Rolle als Förderer des öffentlichen Wohls und Beschützer des Volkes in Raubtiere verwandeln. Eine tiefgreifende Veränderung dieser Ordnung kann aber weder in Gang gebracht noch sanktioniert werden, ohne dass man zu Gewalt greift, ja sogar zu politischem Terror.«[36]

So ist es nicht verwunderlich, dass die ersten »Labors«, in denen mit den ultraliberalen Thesen von Schumpeter, Hayek und Friedman an einer zwangsweise zu Versuchskaninchen gemachten Bevölkerung experimentiert wurde, Indonesien unter dem Stiefel von General Suharto und das von Augusto Pinochet terrorisierte Chile waren.

In ihrem Buch *Die Schock-Strategie. Der Aufstieg des Katastrophen-Kapitalismus* hat Naomi Klein dargestellt, wie die chilenische Wirtschaft durch die Anwendung der von diesen »verrückten ultraliberalen Wissenschaftlern« vorgeschriebenen Therapie im Verlauf des ersten Jahres einen Rückgang um 15 Prozent erlebte. Die Arbeitslosenrate, die unter der demokratischen Regierung der Unidad Popular von Salvador Allende nur bei drei Prozent gelegen hatte, kletterte auf 20 Prozent! 1988, nach 15 Jahren ultraliberaler Erfahrungen, fanden sich 45 Prozent der Chilenen unterhalb der Armutsschwelle wieder.[37]

Selbst diese soziale Katastrophe hatte Milton Friedman nicht davon abhalten können, die Wirtschaftspolitik Pinochets zu bewundern und dessen Ergebnisse als das »Wunder von Chile« zu bezeichnen; zur »Belohnung« erhielt er 1976 den Nobelpreis für Wirtschaftswissenschaften.

DIE ZEHN GEBOTE DER LIBERALEN RELIGION

Der Philosoph Dany-Robert Dufour hat nicht ohne Humor erklärt, dass die neoliberale Ideologie wie eine neue Religion wirke: »Sie verbreitet Gebote, die dazu berufen sind, in allen Bereichen menschlicher Kultur zur Norm zu werden. [...] Ich habe zehn davon gefunden, die als liberale Anweisungen des neuen Dogmas gelten. [...] Dort, wo sich jeder absolut frei wähnt, befreit und liberal, folgt er, ohne es zu wissen, Anweisungen, die ihn bestimmen. [...] Die Ausarbeitung und Verbreitung dieser neuen Gebote sind nicht nur militanten Kreisen des ökonomischen Liberalismus vorbehalten.

Im Gegenteil, sie könnten durchaus im Verlauf der kulturellen Kämpfe erprobt worden sein, wie sie die Linke geführt hat, selbst die extreme Linke. […]

Das erste Gebot […]: Du sollst dich vom Egoismus leiten lassen, dann wird man dir in der Hammelherde der Verbraucher liebenswürdig entgegenkommen!

Das zweite Gebot […]: Du sollst den anderen als Mittel zur Erreichung deiner Ziele benutzen!

Das dritte Gebot […]: Du sollst alle Idole deiner Wahl anbeten, vorausgesetzt, du betest auch den höchsten Gott an, den Markt!

Das vierte Gebot […]: Du sollst nichts herstellen, was es auch sei, nur damit man nicht glaubt, dass du zur Hammelherde gehörst!

Das fünfte Gebot […]: Du sollst jede Art von Regierung bekämpfen und dabei die *Good Governance* preisen!

Das sechste Gebot […]: Du sollst jeden Vorgesetzten beleidigen!

Das siebte Gebot […]: Du sollst die Grammatik ignorieren und die Sprache verstümmeln!

Das achte Gebot […]: Du sollst die Gesetze verletzen, ohne dich erwischen zu lassen!

Das neunte Gebot […]: [In Fragen der Kunst] sollst du bis in alle Ewigkeit die Tür einrennen, die schon von Duchamp geöffnet worden ist!

Das zehnte Gebot […]: Du sollst deinen Trieben freien Lauf lassen und dich um Genuss ohne Grenzen bemühen.«[38]

ÜBERREDEN UND ÜBERZEUGEN

Während der gesamten achtziger Jahre erarbeiteten die wichtigsten multinationalen Unternehmen, die Banken der Wall Street, die Federal Reserve der Vereinigten Staaten und die internationalen Finanzinstitute auf der Basis dieser neoliberalen Gebote eine Art gemeinsame Doktrin. Sie bestand aus Wettbewerbsfähigkeit, Haushaltsdisziplin, Steuerreformen, Kürzungen der öffentlichen Ausgaben, Liberalisierung des freien Warenaustauschs und der Finanzmärkte sowie massiven Privatisierungen im öffentlichen Sektor. Diese Neuerungen sollten den Bankern jede Freiheit geben, um mit dem Geld der Steuerzahler zu spielen.

Diese Doktrin wurde als universale Lösung sämtlicher Wirtschaftsprobleme ins Feld geführt. Sie soll die Armen davon überzeugen, dass sie an ihrer Lage selbst schuld sind; darüber hinaus könne niemandem ein Vorwurf gemacht werden. Riccardo Petrella erklärt: »Die Herrschenden werden den Beherrschten, den Armen und den Ausgeschlossenen vorschlagen, den unvermeidlichen und *natürlichen* Charakter der Armut und des gnadenlosen Überlebenskampfes des Einzelnen zu akzeptieren. Im Rahmen der Globalisierung gebe es kein ›Wir‹, sagen die Ultraliberalen, sondern eine unendlich große Zahl von ›Ichs‹, die untereinander um den Zugang zu Gütern und Dienstleistungen konkurrieren würden. Das 30 Jahre lang als stimulierendes und mobilisierendes Prinzip der westlichen Zivilisation gepredigte *Evangelium der Wettbewerbsfähigkeit* soll als Argument dienen, um den Fortbestand der Armut zu erklären und zu rechtfertigen.«[39]

Bei diesem Vorhaben kollektiver Überzeugung müssen die großen Medien eine grundlegende Rolle spielen, die umso wirkungsvoller ist, wenn sie sich in das Mäntelchen der Objektivität und Unparteilichkeit kleiden. In Wahrheit aber träufeln sie mit Hilfe geräuschloser Propagandakampagnen[40] den Menschen ein schleichendes Gift ein und verteidigen die Interessen der wichtigsten Wirtschaftsgruppen. »Die Dinge sind nicht so, wie sie zu sein scheinen«, mahnt John Perkins zur Vorsicht. Er hat mehr als zehn Jahre lang in Asien und Lateinamerika selbst aktiv an Kampagnen teilgenommen, mit denen den Menschen zugunsten von US-

Großunternehmen falsche Tatsachen vorgeschützt wurden. »Die meisten unserer Zeitungen, Zeitschriften und Verlagshäuser gehören internationalen Großunternehmen, die sie nach Belieben manipulieren. Unsere Medien bilden einen Bestandteil der Unternehmensherrschaft. Die Präsidenten und Direktoren so gut wie aller Informationsnetzwerke kennen ihre Rolle sehr gut; ihr ganzes Leben lang hämmert man ihnen immer wieder ein, dass eine ihrer wichtigsten Funktionen darin bestehe, das System, das sie ererbt haben, zu erhalten, zu verstärken und weiter auszubauen. Sie tun dies mit großer Effizienz und können sich als erbarmungslos erweisen, wenn man sich ihnen widersetzt.«[41]

DER *WASHINGTON CONSENSUS*

Als am 9. November 1989 die Berliner Mauer fiel und im Anschluss daran die Sowjetunion, die Ronald Reagan als »das Reich des Bösen« bezeichnet hatte, zusammenbrach, zogen die Neoliberalen daraus den Schluss, dass die Dynamik und die Energie ihres Begriffs von Wirtschaft der Schlüssel zum Sieg gewesen seien. Francis Fukuyama verstieg sich zur These, dass diese Form der Marktwirtschaft so effizient sei, dass die Welt schließlich »das Ende der Geschichte« erreicht habe.[42]

Im selben Jahr machte ein hochrangiges amerikanisches Mitglied der Weltbank, John Williamson, den Vorschlag, die wichtigsten Thesen der neoliberalen Ökonomen zusammenzufassen und in einer Liste von zehn Leitsätzen zur politischen Umsetzung zu kodifizieren. Er dachte vor allem an Maßnahmen, die man in den Ländern Lateinamerikas durchsetzen müsse. Diese machten den *Washington Consensus* oder die Zehn Gebote aus, denen sich jede Regierung von nun an beugen müsse, wenn sie in die »Weltgemeinschaft« aufgenommen werden wolle:

- Disziplin bei Haushaltsdefiziten
- Neudefinition der Prioritäten bei öffentlichen Ausgaben
- Steuerreformen (Senkung der Einkommenssteuern)
- Liberalisierung der Zinssätze
- Annahme von wettbewerbsfähigen Wechselkursen
- Liberalisierung der internationalen Handelsströme
- Liberalisierung von ausländischen Direktinvestitionen
- Privatisierung von Staatsunternehmen und Institutionen des öffentlichen Sektors
- Deregulierung der Märkte und Wegfall von Zollbarrieren
- Schutz des Privateigentums

Diese neuen Gesetzestafeln stellen das Herzstück der neoliberalen Doktrin dar, das »Modell«, dem man zu folgen habe. Es ist obligatorisch, denn »es gibt keine Alternative« (*»There is no alternative«*), wie Margaret Thatcher bestätigte. Die für die Verbreitung sorgenden Mächte – die Wirtschaftspresse, Arbeitgeber, Universitäten, wirtschaftswissenschaftliche *Thinktanks*, Wirtschaftshochschulen – würden dieses Gedankengut weiterverbreiten, umsetzen und propagieren, auf dass es schon bald als »einzig«[43] dastehen sollte.

Die internationalen Finanzinstitutionen, vor allem der Weltwährungsfonds und die Weltbank, sollten gleichermaßen die Funktion der Vermittler dieser Thesen übernehmen und zu so etwas wie den bewaffneten Armen des eroberungswilligen Kapitalismus werden.

GESTÄNDNIS EINES WIRTSCHAFTSKILLERS

Die USA haben die ostasiatischen Staaten genötigt, ebenfalls dieses »Modell« anzunehmen und die allgemeine Deregulierung der Finanzmärkte umzusetzen. Die Vereinigten Staaten haben Südkorea, Japan, Taiwan, Hongkong, Singapur, Thailand sowie die Staaten Lateinamerikas gezwungen, den »Konsens« als Gegenleistung für US-Investitionen praktisch umzusetzen. Um diese Nationen auf den richtigen neoliberalen Weg zu führen, hat Washington gelegentlich auch nicht gezögert, Druck auszuüben, und dabei auf unorthodoxe Methoden zurückgegriffen und sogar »Wirtschaftskiller« angeworben.

John Perkins war einer dieser Männer. Voller Reue erzählt er: »Die Wirtschaftskiller sind üppig bezahlte Profis, die in verschiedenen Ländern der Welt Milliarden Dollar ergaunern. Sie dirigieren das Geld der Weltbank, United States Agency for International Development und anderer ›humanitärer‹ Organisationen in die Schatullen von Großunternehmen und in die Taschen einiger extrem reicher, einflussreicher Familien, die die natürlichen Ressourcen des Planeten kontrollieren. Ihre wichtigsten Waffen sind frisierte Finanzberichte, manipulierte Wahlen, Schmiergelder, Erpressung, Sex und Mord. Sie spielen ein Spiel, das so alt ist wie die Welt, das aber in dieser Epoche der Globalisierung erschreckende Ausmaße angenommen hat.«[44]

Zugunsten dieser Schockmethoden sollte der Internationale Währungsfonds im Lauf der Jahre eine Art Finanzministerium in Weltmaßstab errichten, das den Auftrag hatte, die nationalen Märkte für Investitionen und Aneignung durch die wichtigsten reichen Länder zu öffnen. Indem er in zahlreichen Ländern der südlichen Halbkugel Pläne zur »strukturellen Anpassung«[45] durchsetzte und sich bemühte, alle Restriktionen abzuschaffen, um so den freien Austausch von Gütern, Dienstleistungen und Kapital zu ermöglichen, wurde der Weltwährungsfonds – ebenso wie die Weltbank und die Welthandelsorganisation (WTO) – eine zentrale Institution der neoliberalen Globalisierung. Mit diesem Hebel zwangen die dominanten Staaten die Schwellenländer der Welt, »Rezepte anzuwenden, die die Industriestaaten bei sich selbst nicht anwenden wollten«[46], wie sich heute Henry Kissinger erinnert, der frühere US-Außenminister.

MARKT GEGEN STAAT

Die Globalisierung betrifft vor allem den Finanzsektor. Da die Freiheit des internationalen Kapitalverkehrs inzwischen absolut geworden ist, beherrscht dieser Sektor die Weltwirtschaft gewissermaßen aus der Ferne. Konsequenzen sind die Zerstörung der Gemeinschaft und die Aneignung der öffentlichen und sozialen Bereiche durch Markt und Privatwirtschaft, was einen umfassenden Wettbewerb auslöst: Markt gegen Staat, Privatsektor gegen öffentlichen Sektor, Individuum gegen Gemeinschaft, Egoismus gegen Solidarität. Es kommt zu einem Wettbewerb zwischen Kapital und Arbeit, und da das Kapital in völliger Freiheit zirkuliert, im Gegensatz zu den Menschen, die weit weniger mobil sind, trägt es den Sieg davon.

Sind die Märkte im Namen des freien Warenaustauschs erst einmal geöffnet, können weltweit tätige Großunternehmen in der ganzen Welt produzieren, Zulieferer beschäftigen und ihre Erzeugnisse verkaufen. Um ihre Profite zu maximieren, werden sie dort produzieren, wo die Arbeitskraft am preiswertesten ist, und dort verkaufen, wo der Lebensstandard am höchsten ist.

Der neoliberale Kapitalismus stellt in ökonomischer, politischer und kultureller Hinsicht einen ungeheuren Bruch dar. Er unterwirft Unternehmen und Bürger einem einzigartigen Diktat: dem Zwang zur Anpassung und dem Verzicht auf jeden eigenen Willen, damit man sich den anonymen Befehlen der Finanzmärkte besser fügen kann. Dieses Diktat verurteilt von vornherein im Namen von Sachzwängen jeden Anflug von Widerstand oder Abweichlertum. Man verdammt jeden Protektionismus, jede Suche nach Alternativen, jedes Bemühen um eine demokratische Regulierung, jede Kritik an allmächtigen Märkten mit Schimpf und Schande.

Das Diktat erhebt die Wettbewerbsfähigkeit zur einzigen Triebkraft: »Ob man nun eine Einzelperson, ein Unternehmen oder ein Land ist – wer in dieser Welt überleben will, muss wettbewerbsfähiger sein als sein Nachbar.« So erklärte es beim jährlichen Weltwirtschaftsforum von Davos ein früherer Nestlé-Boss.

ALLGEMEINE VERMARKTUNG

Neoliberalismus ist auch die allgemeine Vermarktung von Wörtern und Dingen, von Körpern und Ideen, von Natur und Kultur. Die Folge ist eine Zuspitzung der Ungleichheiten. In weltweitem Maßstab haben sich diese in beispiellosem Umfang verschärft.

Gleichzeitig schlägt sich der Neoliberalismus auch in einer ungeheuren Ausbeutung unseres Planeten nieder. Die Großunternehmen plünderten die Umwelt (und tun es immer noch), wobei sie aus den Reichtümern der Natur, den gemeinschaftlichen Gütern der Menschheit, Profit zogen. Sie taten dies ohne Skrupel und zügellos. Das Ganze war von einer immensen Finanzkriminalität in den Steuerparadiesen begleitet, wo Summen von mehr als 2000 Milliarden Euro pro Jahr umgeschlagen werden, was dem Gegenwert des französischen Bruttoinlandsprodukts entspricht.

Im Verlauf von 30 neoliberalen Jahren folgten die Regierenden den Verhaltensmaßregeln einer Wirtschaftspolitik, die von weltweit tätigen Organisationen definiert wurden, die sich zum »Poker des Bösen« versammelt haben: Internationaler Währungsfonds, Weltbank, OECD und WTO. Sie übten auf die Wirtschaftspolitik der Staaten eine wahre Diktatur aus.

Die politisch Verantwortlichen wiederum ließen, während sie den freien Kapitalfluss und massive Privatisierungen begünstigten, eine Verlagerung grundlegender Entscheidungsgewalt – bei Investitionen, Beschäftigung, Gesundheit, Bildung, Kultur und Umweltschutz – aus der öffentlichen Sphäre in die private zu.

Die Vorstände weltweit tätiger Unternehmen halten ebenso wie global tätige Finanz- und Mediengruppen die wahre Macht in den Händen und machen bei politischen Entscheidungen ihr Gewicht geltend. Sie haben die Wirtschaft und die Demokratie zu ihren Gunsten konfisziert.

DIE VERWANDLUNG DER SOZIALDEMOKRATIE

Ende der neunziger Jahre glaubte man, Wirtschaftskrisen seien durch den technischen Fortschritt gebannt. Zahlreiche Analysten verkündeten sogar »das Ende der Wirtschaftszyklen« aufgrund von Produktivitätsfortschritten im Gefolge neuer Informationstechnologien und der »digitalen Revolution«[47].

Das Ende der Blockkonfrontation und der Zusammenbruch der Sowjetunion hatten das wichtigste politische Hindernis für die Expansion des Neoliberalismus beseitigt. Der Siegeszug des Internets beförderte ihn mit Lichtgeschwindigkeit bis an die äußersten Grenzen der Welt und festigte zugleich den Prozess der Globalisierung.

Der Computer, erfunden, um das Gehirn zu ersetzen, erleichterte ungeheure und noch nie da gewesene Veränderungen auf allen Gebieten. Das Internet schien also die beiden Thesen Schumpeters zu bestätigen, die von den »zyklischen Veränderungen«, wie sie technologische Fortschritte auslösen, und die von der »schöpferischen Zerstörung«.

Selbst die Sozialdemokratie zeigte sich schnell von den marktradikalen Thesen fasziniert, die zum neuen Wirtschaftsevangelium geworden waren. Es waren sozialdemokratische Regierungen, die den Neoliberalismus in ihren jeweiligen Ländern eingeführt haben: Felipe González 1982 in Spanien, Laurent Fabius 1983 in Frankreich, Bettino Craxi 1983 in Italien oder auch Carlos Andrés Pérez 1989 in Venezuela. Gelegentlich – vor allem in Venezuela – geschah dies durch »Schocktherapien« mit verheerenden Auswirkungen unter den schwächsten Teilen der Bevölkerung.[48]

Von 1989 an breitete sich die Doktrin auch in allen Ländern Osteuropas aus, die sich in Massen zur neoliberalen Version des Kapitalismus bekehren ließen, nachdem sie sich vom autoritären Staatskommunismus losgesagt hatten. In Polen erwiesen sich die gemeinschaftlich vom Internationalen Währungsfonds und von Finanzminister Leszek Balcerowicz verordneten Eingriffe (unter der Regierung Tadeusz Mazowieckis, einem der Gewerkschaftsführer von *Solidarność*) als besonders radikal: Neben der sofortigen Abschaffung von Preiskontrollen und deutlichen Einschnitten bei Subventionen setzten die Regierenden den Verkauf aller Bergbauunternehmen, Schiffswerften und aller im Staatsbesitz befindlichen Industrieanlagen an private Kapitalgeber durch. Die gesamte Industrie des Landes ist an privates Kapital verschleudert worden.

PRIVATISIEREN ODER STERBEN

Das erste Programm zur »strukturellen Anpassung« wurde vom Internationalen Währungsfonds 1983 verabschiedet. Wie sich Naomi Klein erinnert, erklärte man in den folgenden 20 Jahren »allen Ländern, die um ein Anschlussdarlehen baten, dass sie ihre Volkswirtschaft zunächst von Grund auf umkrempeln müssten«. Davidson Budhoo, führender Ökonom des Weltwährungsfonds, der während der achtziger Jahre die strukturellen Anpassungsprogramme für Lateinamerika und Afrika ausarbeitete, gestand später: »Die gesamte Arbeit, die wir nach 1983 leisteten, beruhte auf dem Gefühl, wir hätten eine Mission zu erfüllen. Dieses Gefühl beseelte uns: Der Süden musste privatisieren oder sterben. Zu diesem Zweck haben wir das wirtschaftliche Chaos geschaffen, das Lateinamerika und Afrika in den Jahren 1983 bis 1988 geprägt hat.«[49]

Die Politik der »strukturellen Anpassung«, eine andere Bezeichnung für den *Washington Consensus*, hatte ungeheure soziale Kosten zur Folge. Um internationale Investitionen zu begünstigen, sind die Regierungen der Länder der Südhalbkugel dazu gebracht worden, ihre Gesellschaften zu zerstören. Sie akzeptierten die Reduzierung der öffentlichen Ausgaben für Gesundheit und Bildung im Namen des Kampfes gegen ihre Haushaltsdefizite und nahmen damit eine Verschärfung von Ungleichheit und Armut in Kauf.

In zahlreichen Ländern Afrikas oder Lateinamerikas hat man von 1980 bis 2000 die staatlichen Strukturen ebenso über Bord geworfen wie die traditionellen wirtschaftlichen und sozialen Strukturen. In fast allen Bereichen hat der Staat sich zurückdrängen lassen. Die neoliberale Doktrin hat sich mit Verwüstungen in ihrem Gefolge durchgesetzt: Ganze Wirtschaftszweige sind heimgesucht und Menschen übermäßig ausgebeutet worden. Und was noch skandalöser ist, auch die Jüngsten blieben nicht verschont: 300 Millionen Kinder werden weiterhin ausgebeutet und leben unter Bedingungen von beispielloser Brutalität.

Argentinien ist ein Paradebeispiel. In den neunziger Jahren hat die Regierung von Carlos Menem auf den Rat des Weltwährungsfonds und der Weltbank hin eine orthodoxe marktradikale Politik durchgesetzt. Der gesamte öffentliche Sektor einschließlich der sozialen Sicherungssysteme wurde privatisiert, und das Land hat sich vollständig für Importe geöffnet; der Wechselkurs der lokalen Währung, des Peso, wurde an den US-Dollar gekoppelt, mit dem Ergebnis einer exponentiell anwachsenden Auslandsverschuldung und wirtschaftlicher »Anpassungen«, die von Mal zu Mal schmerzhafter wurden.

Der argentinische Staat, so erklärt es der Ökonom Jorge Beinstein, »den das neoliberale Dogma durch die Beseitigung seiner bürokratischen Hürden zu sanieren versprach, hat an wirtschaftlicher Geltung und Einfluss verloren, bleibt aber auch weiterhin den Manipulationen großer Finanzgruppen unterworfen. Tatsächlich haben die Privatisierungen eine neue ökonomische Realität hervortreten lassen, die man als kolonialistisch bezeichnen könnte. [...] Am Ende zählte das Land 14 Millionen Arme, mehr als drei Millionen Bedürftige und mehr als zwei Millionen Arbeitslose.«[50]

Der Internationale Währungsfonds trägt die Hauptverantwortung für die anhaltenden Leiden, die zahlreiche arme Nationen der südlichen Halbkugel fast 30 Jahre lang haben erdulden müssen. »Die Chronik des Dramas ist aufschlussreich«, so Jean Merckaert. »Erster Akt: die Verschuldung. In den siebziger Jahren haben die Banken des Westens bei der Suche nach Anlagemöglichkeiten für ihre liquiden Mittel die Länder der Südhalbkugel mit konkurrenzlos niedrigen (variablen) Zinssätzen massiv verschuldet. Die westlichen Staaten folgten diesem Beispiel, indem sie an grausame Diktaturen wie die auf den Philippinen, im Kongo (das vormalige Zaire) oder in Argentinien Kredite vergaben – als Gegenleistung für deren Ergebenheit gegenüber dem Block des Westens. Zweiter Akt: die Verschuldungskrise, flankiert von geopolitischen Überlegungen seitens des Westens: der jähe Wiederanstieg der Zinssätze infolge einer Entscheidung der amerikanischen Federal Reserve oder der Druck auf die Agrarpreise mit der anschließenden Talfahrt der Exporterlöse. Dritter Akt: die strukturelle Anpassung. Seit Beginn der achtziger Jahre verlangten die großen Geldgeber der G7-Staaten von den armen Ländern, dass sie zugunsten der Schuldenrückzahlung ihre Ausgaben für das Gesundheitswesen, die Bildung oder die Beschäftigung zurückschrauben. Es ist der Internationale Währungsfonds, der den Auftrag hat, Privatisierungen zu Schleuderpreisen sowie eine

Liberalisierung von Handel und Finanzen sowie den Rückzug des Staates durchzusetzen. Zum größtmöglichen Profit ausländischer Investoren.«[51] Trotz ihres wohlverdienten Rufs als »Serienmörder« haben manche dieser Leute anlässlich der Krise von 2008/09 vorgeschlagen, dass die Länder der südlichen Halbkugel dem heute vom französischen ›Sozialisten‹ Dominique Strauss-Kahn geleiteten Internationalen Währungsfonds frisches Kapital anvertrauen sollten, damit dieser Staaten »zu Hilfe kommen könne«, die sich in Schwierigkeiten befänden.

Dieser Vorschlag empörte Joseph Stiglitz, den früheren Vizepräsidenten der Weltbank. Er war vor einigen Jahren von seinem Posten zurückgetreten und hatte in seinem Buch *Die Schatten der Globalisierung*[52] das kriminelle Verhalten des IWF angeprangert, was dessen Auftreten gegenüber Ländern wie Äthiopien betraf, die sich in äußerster Bedrängnis befanden: »Warum sollen diese Schwellenländer Gelder hergeben, die sie mit solchen Mühen verdient haben, und einer Institution wie dem Internationalen Währungsfonds anvertrauen, dessen Bilanz miserabel ist, dessen Liberalisierungspolitik das gegenwärtige Chaos ausgelöst hat und der auch weiterhin eine asymmetrische Politik praktiziert und einen Faktor der Instabilität darstellt?«[53]

DIE FABRIK DES CRASHS

DIE KRISE VON 1997

Man muss ein Dutzend Jahre zurückgehen, um das erste große Symptom zu finden, mit dem sich der gegenwärtige Crash ankündigte. Dieser Vorbote war die Krise der Jahre 1997 und 1998. In Teilen Südostasiens gab diese Erschütterung dem bis dahin unglaublichen Aufstieg der asiatischen »Tigerstaaten« eine andere Richtung – und demonstrierte deutlich, dass das auf der neoliberalen Theorie errichtete Finanzsystem mit seinen deregulierten und liberalisierten Märkten, seinen Akteuren, die die Auswirkungen ihrer Methoden missbrauchten[54], und mit seinen in ständiger Bewegung befindlichen internationalen Kapitalströmen im Begriff war, gefährlich brüchig zu werden.

In den Jahren 1994 und 1995 hatte es zwar schon die Finanzkrise in Mexiko gegeben, einen ersten Misserfolg des neoliberalen Modells, dessen Auswirkungen sich auch über die ganze Welt erstreckten, in der Hauptsache jedoch Südamerika betrafen. Aber die massive Intervention der Vereinigten Staaten (seit Januar 1994 auf dem Wege des Nordamerikanischen Freihandelsabkommens NAFTA) und der internationalen Finanzorganisationen, die in aller Eile ein dringend benötigtes Darlehen von rund 50 Milliarden Dollar gewährten, ermöglichte es, der Krise schnell Einhalt zu gebieten. Man glaubte damals, das System sei solide.

Heute lässt sich feststellen, dass der seit Anfang der neunziger Jahre grassierende neoliberale Eifer seinem Höhepunkt entgegensteuert. François Lenglet berichtet, dass »dies dem

Erstarken der neuen industriellen Schwellenländer, besonders Chinas, zu verdanken ist, die ebenfalls die Markwirtschaft übernommen haben. Die Unternehmen des Westens profitieren von der neuen Investitionsfreiheit und den niedrigen Transportkosten, wodurch sie ihren Bewegungsspielraum erweitern. Der Welthandel verändert seine Natur fast unbemerkt: Der interne Handel der Firmen untereinander wird entscheidend, die Unternehmen drängen in die neuen Wachstumsregionen und profitieren von erheblichen Lohnunterschieden in einer Welt, in der die Regeln des ökonomischen Wettbewerbs universelle Gültigkeit erlangen.«[55]

ANSTURM AUF DAS INTERNET

Nicht vergessen werden sollte außerdem der Internet-Schock, der sich ebenfalls nach 1989/90 ereignete. Der Fortschritt der Informations- und Telekommunikationstechnik hatte uns ebenso wie die Computer-Revolution in eine neue Ära eintreten lassen: die des Internets, dessen wichtigste Merkmale die augenblickliche Übermittlung immaterieller Daten sowie die ungeheure Zunahme von Verbindungen und elektronischer Verknüpfungen sind.

Das Internet hat sich als Herz, Umschlagplatz und Synthese der damit angestoßenen großen Veränderungen durchgesetzt. In dieser Hinsicht sind die »Datenautobahnen« das geworden, was Eisenbahnen, Elektrizität, Telegrafie, Telefonie oder Autobahnen in der industriellen Ära gewesen sind: robuste Faktoren bei der Ankurbelung und Intensivierung von Veränderungen.

Die Börsen haben diese neuen Technologien sehr schnell adaptiert. Sie erlebten einen *Big Bang*, eine Art technologischer Explosion. Die Transaktionen erfolgen seitdem auf elektronischem Weg und mit Lichtgeschwindigkeit. Der Datenaustausch wuchs gewaltig an, mit der Konsequenz, dass auch die Spekulation sich beschleunigte. Ein neues Wirtschaftsmodell etablierte sich.

So entstand, was manche Journalisten später als *New Economy* oder sogar »Revolution der *Net Economy*« bezeichneten. Jean-Michel Quatrepoint erklärt: »Eine mit der Entwicklung der Eisenbahnen in den vierziger Jahren des 19. Jahrhunderts und dem Erscheinen der Elektrizität 1870 vergleichbare Revolution, die die sozialen Strukturen von Produktionsabläufen durcheinanderwirbelte. Zum ersten Mal in der Geschichte wussten die Jungen mehr als die Alten.«[56]

Viele Spekulanten wissen, dass »die wirtschaftlichen Vorteile eines Transportsystems sprunghaft zunehmen, wenn nur einige ganz bestimmte Verbindungen verwirklicht sind«. Und: »In den vierziger Jahren des 19. Jahrhunderts war allein der Bau der Eisenbahnen die wichtigste Triebkraft des industriellen Wachstums in Westeuropa.«[57] Die Spekulanten setzten also in dieser Phase des Aufschwungs auf das exponentielle Wachstum aller Aktivitäten, die mit den Datenindustrien sowie den Informations- und Internet-Technologien zusammenhingen.

Sie waren in der Stunde einer der schnellsten Veränderungen, die die Welt je erlebt hat, davon überzeugt, dass die Unternehmen auch infolge des Leitsatzes von der »schöpferischen Zerstörung« überall genötigt sein würden, gewaltige Summen in Hardware, Telekommunikation, Datennetze, optische Kabel etc. zu investieren, um sich an die neuen Gegebenheiten anzupassen. Die Wachstumsperspektiven schienen unbegrenzt zu sein. Einige Statistiken bestärkten die Spekulanten in ihren Überlegungen: So kauften zwischen 1997 und 2000 in Frankreich beispielsweise mehr als zehn Millionen Menschen Mobiltelefone, und die Zahl der mit Computern ausgestatteten Haushalte verdoppelte sich.

Man schätzte, dass die Zahl der Internetnutzer weltweit, die von zwei Millionen 1994 auf 142 Millionen im Jahr 1998[58] gesprungen war, in wenigen Jahren die Zahl der Telefonnutzer übersteigen würde[59]. Man glaubte, dass, angeregt durch die Deregulierung und Freigabe des Wettbewerbs auf dem Markt der Telekommunikationsdienste, bald amerikanische, europäische und japanische Unternehmen in einer regelrechten Schlacht um die Kontrolle der Netze und die Beherrschung des Markts für Bilder, Daten, Tonträger, Spielkonsolen, digitale Fernsehgeräte etc. konkurrieren würden. Kurzum, die Investitionen würden gewaltig und damit potenzielle Gewinne märchenhaft sein.

Getrieben von dem Traum, den superschnellen Erfolg von Firmen wie Apple, Microsoft, Yahoo! oder Google zu imitieren, schossen von da an in Technologiezentren wie dem kalifornischen Silicon Valley immer neue Unternehmen (*Start-ups*) aus dem Boden und fanden mühelos Zugang zu beträchtlichen Finanzmitteln. Vom »neuen ökonomischen Paradigma« fasziniert, übertrumpften sich Investoren und Banken bereitwillig mit Kapitalangeboten. »Diese *Start-ups*, an drei Ikea-Tischen von irgendwelchen Studenten gegründet«, so formuliert es Frédéric Lordon, »bringen Millionen, gelegentlich Milliarden ein: Tatsächlich braucht es mindestens ein ›neues Paradigma‹, um diese Art von irrwitzigen Vorhaben möglich zu machen.«[60]

Aktienoptionen[61] spielten in diesem allgemeinen Fieber bald eine bedeutende Rolle. Diese bis dahin den höheren Führungskräften von Großunternehmen vorbehaltenen Optionen wurden immer häufiger ausgegeben und motivierten auch junge Unternehmer, Ingenieure und Wissenschaftler jener *Start-up*-Unternehmen. Sie erst eröffneten ihnen die Aussicht, ihre durchschnittlichen Gehälter gravierend aufzubessern, was sie einen baldigen Börsengang herbeisehnen ließ, sobald sich der »junge Trieb« ihres Unternehmens durchzusetzen begann. Das würde dann der Jackpot sein.

Man setzte vor allem auf die Expansion des elektronischen Warenaustauschs (*E-Commerce*). Das Internet verwandelte sich schnell in eine riesige Einkaufspassage. Der elektronische Handel, der 1998 mit einem Umsatz von kaum sechs Milliarden Euro noch in den Kinderschuhen steckte, hatte im Jahr 2000 weltweit einen Umsatz von 30 Milliarden Euro erreicht und 2006 allein in den Vereinigten Staaten 77 Milliarden Euro ausgemacht. In Frankreich erwirtschafteten 2006 mehr als 17 500 Websites mit Verkaufsangeboten einen Umsatz von mehr als zwölf Milliarden Euro.[62]

In Erwartung dieses gigantischen Aufschwungs stürzten sich Ende der neunziger Jahre Schwärme von Investoren, angetrieben von ihrer Gier und auf mühelos erwirtschaftete Erträge hoffend, auf diese Börsentitel, so wie sich einst die Goldsucher am Klondike schnellen Reichtum erträumten. Die Kurse der mit der Internet-Galaxie verbundenen Finanztitel explodierten. Firmen sahen, wie ihre Aktienwerte um den Faktor 100 vervielfacht wurden, manche um den Faktor 370, wieder andere, wie etwa America Online (AOL), um den Faktor 800!

DAS PLATZEN DER »INTERNETBLASE«

Wenn ein Anleger in diesen Jahren des Internet-Wahnsinns am Tag ihrer Börseneinführung 1000 Euro in Aktien einer der großen vier Internet-Unternehmen (AOL, Yahoo!, Amazon, eBay) investiert hätte, hätte er seit dem 9. April 1999 eine Million Euro verdient. Der NASDAQ-Index, die Börse, an der in New York die Papiere neuer Technologien gehandelt werden, hatte allein für das Jahr 1999 einen Anstieg von 85,6 Prozent angezeigt.

Der schnelle Reichtum, noch dazu mühelos und ohne Arbeit erwirtschaftet, grenzte ans Wundersame. Mehr noch, die Hochkonjunktur der *New Economy* schien anfällig zu sein; sie ließ an das Wunder des »Finanzbooms« der zwanziger Jahre denken, als die Inflation niedrig und die Produktivität hoch war. Manche Stimmen waren laut geworden, die ein »Konkursrisiko«[63] prognostizierten. Als einige verantwortungsbewusste Banker dann das Debakel bereits kommen sahen, warnten sie die Anleger: »Wir sollten vorsichtig sein, was die Papiere von Internet-Unternehmen betrifft«, wie beispielsweise am Vorabend des Crashs Arnout Wellink mahnte, der Präsident der niederländischen Zentralbank. Er verglich die Akteure mit »toll gewordenen Pferden, die auf der Suche nach einer Goldmine alle in eine Richtung laufen«.[64]

Und es kam, wie es kommen musste: Im März 2000 platzte die »Internetblase«, Ergebnis von fünf Jahren, in denen Investoren sich unablässig auf die Technologiewerte gestürzt hatten. Die Talfahrt hätte nicht schlimmer sein können: Die Börse von Paris brach von 6980 auf 2500 Punkte ein. In den Vereinigten Staaten verlor der Dow-Jones-Index 38 Prozent seines Werts, der Index S & P 500 sogar 41 Prozent! Drei Viertel der Unternehmen der *Net Economy* verschwanden wieder von der Bildfläche.

DER ENRON-SKANDAL

Nach dem Internet-Crash versprach man wie nach jeder großen Krise, dass sich nun alles ändern würde; dass die Verantwortlichen bestraft würden; dass es nötig sei, die Börse und die Unternehmen gemäß moralischer Maßstäbe auszurichten. Beim Weltwirtschaftstreffen von Davos im Jahre 2002 hörte man Industriebosse rufen: »Es lebe die Ethik! Es lebe das moralische Unternehmen!« Dennoch kam einige Monate später die Enron-Affäre[65] ans Licht, die besonders anschaulich die Auswirkungen einer unkontrollierten Deregulierung und neoliberaler Exzesse zeigt. Es war einer der größten Skandale der vergangenen 20 Jahre.[66]

Nach den Anschlägen vom 11. September 2001 und dem Platzen der »Internetblase« im März 2002 führte der Konkurs von Enron, einem Unternehmen des Energiesektors, zu einer weiteren tiefen Traumatisierung des US-amerikanischen Finanzsystems.

Die 1985 gegründete Firma wurde, gemessen am Börsenwert, schnell zum siebtgrößten amerikanischen Konzern und an Umsatz zum sechstgrößten der Welt. Von der Presse und den Analysten als »neues Modellunternehmen« gefeiert, stieg der Börsenkurs an der Wall Street unaufhörlich. Die Zeitschrift *Fortune* wählte Enron sechs Mal hintereinander zum »innovativsten Unternehmen« des Jahres.

In Wahrheit war Enrons Erfolg seltsamen Methoden zu verdanken. Serge Halimi erklärt: »In zehn Jahren hatte Enron zehn Millionen Dollar für seine politische Lobbyarbeit ausgegeben. Enron war der wichtigste ›Sponsor‹ von George W. Bush und der großzügigste Geldgeber für mehrere Mitglieder seiner Regierung, darunter Justizminister John Ashcroft.«[67] Mehr als 100 Kongressabgeordnete erhielten von Enron Spenden für ihre Wahlkampfkassen. Vizepräsident Richard »Dick« Cheney hatte den Präsidenten von Enron, Kenneth Lay, mehrmals eingeladen, an einer Arbeitsgruppe zu Energiefragen, deren Vorsitz er innehatte, teilzunehmen.

In puncto »Modellhaftigkeit« ist zu sagen: Das Unternehmen steigerte seine Profite künstlich, indem es Defizite durch den Einsatz einer Vielzahl von Tarnunternehmen und Bilanzfälschungen verdeckte, mit dem Ziel, den Börsenwert aufzublähen. Überdies profitierte Enron von der Deregulierung der Energiekosten in Kalifornien und zögerte keine Sekunde, zu übertriebenen Stromsperren zu greifen, um den Preis pro Kilowattstunde weiter in die Höhe zu treiben.

Serge Halimi fährt fort: »Da nun das Wesen und die inneren Zusammenhänge dieser Aktivitäten nicht offenkundig waren, wuchs und gedieh Enron, angepriesen von der Wirtschaftspresse als Modell für Kühnheit und ›Modernität‹, für eine ›Unternehmenspolitik‹, die fähig sei, auf dem deregulierten Markt der Derivate bestens zu operieren. Beruhigende

Empfehlungen über den robusten finanziellen Zustand, die von der renommierten Rating-Agentur Andersen ausgegeben worden waren – die mit Enron umso nachsichtiger umging, als der texanische Konzern die Agentur seinerseits als Kunden gewonnen hatte –, lockten die Kleinanleger in Massen an. Der Anstieg des Aktienkurses ließ die letzten Skeptiker verstummen. Die besten Essayisten und Leitartikler – nicht nur in der amerikanischen Presse – bedachten die Firma aus Houston mit Wohlwollen, die es ihrerseits verstand, das Talent der Journalisten mit großzügigen Honoraren zu belohnen.«[68]

Die Aufdeckung des Skandals im Lauf des Herbstes 2001 beschleunigte nicht nur die Insolvenz von Enron, sondern auch die der Prüfungsgesellschaft Arthur Andersen, dem Komplizen des Unternehmens. Andersen war eine der renommiertesten Firmen, die von der United States Securities and Exchange Commission (SEC) zur New Yorker Börse zugelassen waren. Als die Agentur mit ihrem weltweit hervorragenden Ruf auf frischer Tat ertappt wurde, stellte sich heraus, dass Mitarbeiter mehr als eine Tonne an kompromittierenden Dokumenten vernichtet hatten. Es gab einen direkten Zusammenhang zwischen der Bewertung durch Arthur Andersen und dem Vertrauen in die Kursentwicklung, das Privatanleger motivierte.

Mit dem Konkurs von Enron verloren Tausende von Angestellten des Unternehmens ihre Arbeit, aber auch ihre Ersparnisse, weil eine interne Regelung ihnen den Verkauf ihrer Aktien untersagte, während die Führungskräfte, als sie die Katastrophe kommen sahen, im richtigen Moment ihre Papiere zu einem guten Preis veräußert hatten. Viele andere amerikanische Angestellte, die einen Teil ihrer Pensionsrücklagen in Enron-Papiere investiert hatten (etwa zwei Drittel der börsennotierten Aktiva des Unternehmens wurden von Pensions- oder Versicherungsfonds gehalten), sahen ihre Rentenansprüche in Rauch aufgehen. Auf dem

Höhepunkt ihres Erfolgs, im Januar 2001, war die Enron-Aktie 83 US-Dollar wert, ein Jahr später war sie auf 0,67 US-Dollar abgestürzt.

Der Historiker Jacques Dufresne kommentiert: »Und so stürzte ein Jahr nach den Attentaten vom 11. September unter der Führung von Attentätern aus dem Ausland, die man ›Terroristen‹ nannte, im texanischen Houston ein Finanzbollwerk wegen eines im Inland von Börsenspekulanten geschaffenen Vakuums ein. Während das erstgenannte Ereignis zum Tod von Tausenden von Menschen führte, war das zweite dafür verantwortlich, dass mehr als 4000 Angestellte ihre Arbeit verloren sowie Tausende andere ihre Renten. Für die Aktionäre betrugen die Verluste 68 Milliarden Dollar.«[69]

Dieser Skandal und der anschließende Prozess (Ken Lay starb kurz nach dem Urteil an einem Herzanfall) sind aufschlussreiche Beispiele dafür, welche Katastrophen die von Verfechtern des Neoliberalismus eingeführte Deregulierung verursachen kann. Die Enron-Affäre hatte denn auch neue gesetzliche Vorschriften zur Folge, mit denen sich Manager und Wirtschaftsprüfer besser kontrollieren ließen. Überdies stellten sie eine bessere Bilanztransparenz sicher und schützten Investoren, wie etwa mittels des Gesetzes Sarbanes-Oxley oder der neuen Bilanzregeln IAS/IFRS.

Die neuen Regelwerke konnten sechs Jahre später weder die Bildung der »Immobilienblase« auf der Basis der *Subprime*-Kredite noch den perfekten Crash von 2008 verhindern.

DER PARMALAT-SKANDAL

Nach dem Platzen der »Internetblase« und insbesondere nach dem Konkurs von Enron wurde in den großen Wirtschaftsmedien einmal mehr feierlich gelobt, dass der Kapitalismus nur auf gesunden Grundlagen wieder in Schwung kommen solle. Aber im selben Augenblick, da dieser fromme

Wunsch zum Ausdruck gebracht wurde, sorgte eine neue Affäre für den nächsten Eklat: der Parmalat-Skandal. Als »größter Finanzbetrug in Europa seit 1945« löste er zwangsläufig ungeheure Schockwellen aus, vergleichbar mit denen des Enron-Konkurses.

Parmalat war ein weiteres Beispiel für einen von der Dynamik der neoliberalen Globalisierung ausgelösten Erfolg. Der in den sechziger Jahren in der Nähe von Parma gegründete kleine Familienbetrieb, der pasteurisierte Milch verkaufte, konnte dank der Tüchtigkeit seines Gründers Calisto Tanzi und großzügiger Subventionen der Europäischen Union immer weiter ausgebaut werden. Seit 1974 war Parmalat international tätig und gründete Niederlassungen in Brasilien und später auch in Venezuela und Ecuador. Das Unternehmen vervielfachte die Zahl seiner Filialen und gründete Niederlassungen in Regionen, die Steuervorteile boten (der Isle of Man, den Niederlanden, in Luxemburg, Österreich und auf Malta), und später dann in den echten Steueroasen (auf den Cayman-Inseln, den Britischen Jungferninseln und den Niederländischen Antillen).

Das Unternehmen ging 1990 an die Börse und etablierte sich damit als siebtgrößte private Unternehmensgruppe in Italien und belegte auf dem Markt lang haltbarer Milchprodukte weltweit den Spitzenplatz. Dieser multinationale Koloss beschäftigte damals rund 37 000 Angestellte in mehr als 30 Ländern. Sein Umsatz erreichte 2002 7,6 Milliarden Euro, eine Summe, die höher ist als das Bruttosozialprodukt von Staaten wie Paraguay, Bolivien, Angola oder Senegal.

Dieser ungeheure Erfolg war dem Unternehmer Tanzi zu verdanken, einem Vorstandsmitglied der Confindustria (Italiens größte Arbeitgeberorganisation), der als eine der wichtigsten Persönlichkeiten des italienischen Establishments galt, und der Tatsache, dass die Parmalat-Aktie als einer der zuverlässigsten Werte an der Mailänder Börse gehandelt wurde.

Bis zum 11. November 2003. An diesem Tag äußerten Wirtschaftsprüfer Zweifel über ein Fonds-Investment von Parmalat in Höhe von 500 Millionen Euro, das in den Fonds Epicurum fließen sollte, einer auf den Cayman-Inseln ansässigen Firma. Sogleich senkte die Rating-Agentur Standard & Poor's die Bewertung der Parmalat-Titel. Die Aktie stürzte ab. Im selben Moment verlangte die italienische Börsenaufsicht eine Erklärung, wie die Unternehmensgruppe die Ende 2003 fälligen Kredite zurückzuzahlen gedenke. Gläubiger und Aktionäre erfasste Besorgnis.

Um sie zu beruhigen, enthüllte der Parmalat-Vorstand die Existenz eines »Notgroschens« in Höhe von 3,95 Milliarden Euro, der bei einer Niederlassung der Bank of America auf den Cayman-Inseln deponiert sei, und legte dazu eine von der Bank ausgestellte Bescheinigung vor, in der grundsätzlich die Existenz der Rücklagen wie auch deren genannter Umfang bestätigt wurden. Der Vorstand zockte: alles oder nichts. Obwohl Beruhigung eintrat, die Aktie wieder stieg und die Geschäfte wieder anliefen – das Misstrauen blieb, und der Zusammenbruch drohte auch weiterhin.

In diesem entscheidenden Augenblick, als die Unternehmensgruppe glaubte, den Hals aus der Schlinge ziehen zu können, erhielt sie den Todesstoß. In einer öffentlichen Verlautbarung wies die Bank of America am 19. Dezember 2003 nach, dass das von Parmalat vorgelegte Dokument, mit dem die Existenz von 3,95 Milliarden Euro bewiesen werden sollte, eine Fälschung war! Ein gefälschtes Dokument mit einem grob gescannten Briefkopf! Die Parmalat-Aktie sackte erneut ab. Innerhalb weniger Stunden war sie so gut wie nichts mehr wert. Mehr als 115 000 Investoren und Kleinanleger sahen sich plötzlich hinters Licht geführt, manche ruiniert. Der Skandal nahm seinen Lauf.

Es kam schnell heraus, dass die Verschuldung von Parmalat auf elf Milliarden Euro angewachsen und obendrein seit Jahren mittels einer betrügerischen Buchführung, frisierter Bilanzen, gefälschter Dokumente, fiktiver Erträge und komplexer *Offshore*-Unternehmenspyramiden bewusst verschleiert worden war. Dieses System war so ineinander verschachtelt, dass es unmöglich war, die Herkunft von Geldern zu verfolgen und die Abrechnungen zu prüfen. Doch das genaue Ausmaß des Betruges war noch immer nicht offenkundig, selbst die Deutsche Bank erwarb noch am Vorabend des Skandals 5,1 Prozent des Parmalat-Kapitals, und Analysten empfahlen mit Nachdruck den Kauf der Aktien der Gruppe (*strong buy*). Wirtschaftsprüfungsunternehmen wie Grant Thornton und Deloitte & Touche sowie Großbanken wie etwa die Citigroup wurden beschuldigt, beteiligt gewesen zu sein. Die Schädlichkeit der Steueroasen wurde wieder einmal unterstrichen und bestätigt.[70] Die Affäre weitete sich zu einem weltweiten Skandal aus.

Am Tag nach dem Enron-Konkurs hatten die Marktradikalen bekräftigt, dass dies das Ende der kriminellen Machenschaften von Unternehmen und von missbräuchlich geführten Aktiengesellschaften sein müsse; dass diese Affäre sich letztlich als segensreich erweisen würde, weil sie dem System endlich die Korrektur ermöglichte. Der Parmalat-Skandal zeigte ganz klar, dass davon überhaupt keine Rede sein konnte.

AM ABGRUND

Trotz der Finanzkatastrophen, die durch den fünffachen Schock der Asienkrise, dem Platzen der »Internetblase«, *nine-eleven*, dem Konkurs von Enron und der Parmalat-Affäre ausgelöst worden waren, setzte sich das weltweite Wirtschaftswachstum mit hohem Tempo fort. Auf wundersame Weise unversehrt, schien das System vollkommen zuverlässig zu sein. Wichtigster Akteur dieses »Wunders«? Alan Greenspan, seit 1987 Leiter der Federal Reserve der Vereinigten Staaten. Seine Priorität lautete: Wachstum um jeden Preis.

Der Nobelpreisträger für Wirtschaftswissenschaften 2008, Paul Krugman, erzählt: »Das *Time Magazine* bezeichnet Alan Greenspan, Robert Rubin und Lawrence Summers als ›Komitee, das die Welt gerettet hat‹ und als ›Trio, das eine weltweite Finanzkatastrophe verhindert hat‹.« Krugman fügt hinzu: »Tatsächlich feiert alle Welt, dass wir uns vom Abgrund entfernt haben, vergisst aber, sich zu fragen, warum wir überhaupt so nahe an den Schlund herangekommen sind …«[71]

Greenspan stellte eine aggressive Niedrigzinspolitik auf die Beine und ermutigte so die Amerikaner, sich haushoch zu verschulden. Er beschwor blindes Vertrauen in den Markt, und als Gefolgsmann von Hayek und Friedman teilte er mit ihnen den Grundsatz, dass »der Markt sich rational und vernünftig verhält und sich automatisch anpasst, wenn man ihn in Ruhe lässt«[72].

Die Tatsachen schienen ihm recht zu geben, denn das System überwand durch seine »Therapie« die Krisen tatsächlich. Es schien unverwundbar zu sein.

RAFFGIERIGE FONDS

Wirtschaftliche Freiheit, so sagte einmal John Maynard Keynes, löse »animalische Instinkte« aus. Und schon bald, angeregt durch Freiheit und Marktradikalismus, erschien ein neuer, noch brutalerer Kapitalismus auf der Bildfläche, der regelrecht auf Eroberung aus war. Ein Mann spielte dabei eine zentrale Rolle: Robert Rubin, Finanzminister der Vereinigten Staaten von 1995 bis 1999 in der Regierung von Präsident Bill Clinton. Er ist für eine gewissermaßen fanatische Deregulierung verantwortlich, die die Ausgangslage der gegenwärtigen Krise bildet. Was Barack Obama übrigens nicht daran gehindert hat – zur großen Enttäuschung vieler seiner Wähler –, ihn im November 2008 zum Chef seines ökonomischen Beraterstabs zu machen …

Robert Rubin ist mit Unterstützung des Internationalen Währungsfonds dafür verantwortlich, dass 1997 in Südostasien und 1999 in Russland und in Lateinamerika das schon beschriebene Schockverfahren durchexerziert wurde, das die Lebensbedingungen der Bevölkerung verschlechtert und die Ungleichheit verstärkt hat.

Nach den schon von Alan Greenspan ergriffenen Maßnahmen schuf Robert Rubin in den Vereinigten Staaten die Bedingungen dafür, dass eine neue Art von Raubtieren nach Herzenslust Beute machen konnten – Raubtiere, die weitaus gefräßiger waren als ihre Vorgänger. Damien Millet und Éric Toussaint erinnern sich, dass Rubin »sein ganzes Gewicht geltend machte, um 1999 die Aufhebung des *Glass-Steagall Act* oder des *Banking Act* zu erwirken, der seit 1933 galt und vor allem die Geschäftsbereiche von Depot- und Investmentbanken für unvereinbar erklärte. Damit standen die Tore für jede Art von Exzess für diejenigen Banker offen, die es auf höchste Profite abgesehen hatten.«[73]

Dadurch wurde eine noch hektischere Spekulation hervorgerufen, deren zunehmende Komplexität mit einem himmelschreienden Mangel an Transparenz einherging. Satt durch mühelose Gewinne, stürzten sich zwei Kategorien neuer Fonds wie Geier ins Geschäft: die Private-Equity-Gesellschaften und die LBO (*Leveraged Buy-Out*[74]), alles geldgierige Investitionsfonds mit riesigem Appetit, die über gewaltige Kapitalmengen verfügten und deren Vorstände im Laufe einiger Jahre zu den wahren Herren der Welt wurden.

Die Namen dieser Titanen – The Carlyle Group, KKR, The Blackstone Group, Colony Capital, Apollo Management, Partners Cerberus, Starwood Capital, Texas Pacific Group, Wendel, Eurazeo etc. – sind der breiten Öffentlichkeit jedoch immer noch kaum bekannt. Im Schutz dieser

Unauffälligkeit legten sie Hand an die Weltwirtschaft. In den vier Jahren von 2002 bis 2006 sammelten sie das Geld von Banken, Versicherungen, Pensionsfonds und einigen Superreichen förmlich ein, wodurch sich das von ihnen bewegte Kapital von 94 Milliarden Euro auf 358 Milliarden erhöhte!

Die Finanzmacht dieser Fonds war phänomenal. Sie überschritt nach kurzer Zeit die Summe von 1100 Milliarden Euro! Nichts widerstand ihnen. 2006 investierten die wichtigsten Private Equitys und LBO allein in den Vereinigten Staaten rund 290 Milliarden Euro in den Rückkauf von Unternehmen. Im ersten Halbjahr 2007 waren es allein 220 Milliarden Euro, wodurch die Fonds sich die Kontrolle über 8000 Unternehmen sicherten. Schon heute arbeitet jeder vierte amerikanische Angestellte und jeder zwölfte französische für einen dieser Finanzkolosse.[75]

Frankreich war nach Großbritannien und den Vereinigten Staaten ihr Hauptziel. 2007 rissen sich diese neuartigen Raubtiere für eine Summe von zehn Milliarden Euro 400 Unternehmen unter den Nagel und verdienten im Anschluss daran mehr als 1600 Milliarden Euro! Die bekanntesten Unternehmen – Picard Surgelés, Dim, die Restaurantketten Quick, und Buffalo Grill, Les Pages Jaunes, Allociné oder Affelou – fanden sich plötzlich unter der Kontrolle von Private-Equity-Fonds oder LBO wieder, von denen die meisten angelsächsische Firmen waren, die nun begehrliche Blicke auf die großen Unternehmen des CAC 40, des französischen Gegenstücks zum DAX, warfen.

Das Phänomen dieser raffgierigen Fonds ist vor rund 15 Jahren erstmals aufgetaucht, aber gedopt durch eine immer weitergehende Deregulierung, preiswerte Kredite und zunehmend verfeinerte Finanzinstrumente, nahm es einen geradezu schwindelerregenden Umfang an. Das Prinzip ist einfach: Eine Gruppe vermögender Investoren entschließt sich, Unternehmen aufzukaufen, die auch anschließend privat weitergeführt werden, allerdings fern von der Börse mit ihren einengenden Regeln und ohne pingeligen Aktionären rechenschaftspflichtig zu sein.[76] Die Grundidee besteht darin, die eigentlichen ethischen Grundsätze des Kapitalismus zu umgehen und nur nach den Gesetzen des Dschungels zu agieren.

Zwei Spezialisten erklären, wie das konkret vonstattengeht: »Um ein Unternehmen zu erwerben, dessen nominaler Wert 100 Prozent beträgt, zahlt der Fonds 30 Prozent aus eigener Tasche (dabei handelt es sich um einen durchschnittlichen Prozentsatz) und leiht sich die restlichen 70 von Banken, wobei er von den sehr niedrigen Kreditzinsen profitiert. Im Verlauf von drei oder vier Jahren macht sich der Fonds anschließend daran, das Unternehmen mit Hilfe des vorhandenen Managements zu reorganisieren, die Produktion zu rationalisieren, die Unternehmenstätigkeit auszubauen und alle oder einen Teil der Gewinne abzuzweigen, um die Zinsen zu bezahlen – Zinsen der eigenen Darlehen. Anschließend verkauft der Fonds die Gesellschaft wieder für 200 Prozent, oft an einen anderen Fonds, der das Prozedere erneut durchspielt. Nachdem der Fonds die 70 geliehenen Prozent zurückgezahlt hat, behält er 130 Prozent in der Tasche, und das für einen anfänglichen Einsatz von 30. Das ergibt eine Verzinsung von mehr als 300 Prozent auf das eingesetzte Kapital – im Verlauf von vier Jahren. Wer bietet mehr?«[77]

Während sie irrsinnige Vermögen zusammenrafften[78], setzten die Fondsmanager dabei die vier neoliberalen Paradigmen der »Rationalisierung« von Unternehmen gewissenlos in die Tat um: Abbau von Arbeitsplätzen, Gehaltskürzungen, Steigerung des Arbeitstempos und Auslagerung von Betriebsteilen. Da sie beispielsweise in Frankreich von den Behörden auch noch dazu ermuntert wurden, träumten sie von der Modernisierung des Produktionsapparats – zur großen Entrüstung der Gewerkschaften, die das Schlimmste vorhersahen und das Ende des Sozialstaats in Aussicht stellten.

Manche dachten, dass der Kapitalismus mit der neoliberalen Globalisierung endlich gesättigt sei. Seine Gier kannte jedoch keine Grenzen, bis zu dem Punkt, an dem das System zusammenzubrechen drohte. Seit Ende 2007 sahen die großen internationalen Wirtschaftsorganisationen, vor allem der Internationale Währungsfonds und die OECD, einen Einbruch des weltweiten Wirtschaftswachstums voraus. Das Misstrauen wuchs. Davon legte beispielsweise der neue »Goldrausch« Zeugnis ab. Das Edelmetall, dessen Kurs allein 2007 um 32 Prozent gestiegen war, erfüllte zunehmend wieder die Funktion einer Fluchtwährung.

Es lässt sich feststellen, dass die größte Spekulationsblase der Geschichte seit 2001 mit einer Explosion der Immobilienpreise auf dem ganzen Globus und einem beispiellosen Anstieg der weltweiten Verschuldung entstanden ist. Die Gesamtverschuldung der Amerikaner, und zwar sämtlicher Marktteilnehmer, erreichte 2007 350 Prozent des Bruttoinlandsprodukts, während sie selbst 1929 »nur« die Marke von 300 Prozent gestreift hatte.[79]

»DAS WIRD SCHON BALD EXPLODIEREN«

Seit Anfang des Jahres 2008 wusste man, dass das Schlimmste passieren konnte.[80] Am 18. Januar verkündete George W. Bush einen ersten Plan zur Wiederankurbelung der amerikanischen Wirtschaft, mit einem Betrag von mehr als 100 Milliarden US-Dollar, der aber das Schreckgespenst eines Crashs nicht bannen konnte. In Frankreich warnte Michel Rocard, obwohl er Befürworter sozialliberaler Koalitionen war: »Die weltweite Krise steht uns vielleicht schon morgen bevor.« Er fügte hinzu: »Ich bin überzeugt, dass das Ganze schon bald explodiert.«[81]

Wie wir gesehen haben, hat die gegenwärtige Krise in Wahrheit bereits 2001 mit dem Platzen der »Internetblase«

begonnen, worauf der Schock der Attentate vom 11. September folgte. Unter dieser doppelten Erschütterung ging die Wirtschaftstätigkeit zunächst zurück. Um sie wieder anzukurbeln und die Investoren zu schützen, entschied Alan Greenspan, die Zinssätze zu senken und die Investitionen auf den Immobilienmarkt zu lenken.[82] Wegen des Bevölkerungszuwachses und des knapper werdenden Angebots an Grundstücken glaubten zahlreiche Spekulanten, dass sich die Preise im Bausektor in den Vereinigten Staaten, der bis dahin jährliche Zuwachsraten in Höhe von ungefähr 15 Prozent verzeichnet hatte, bis in alle Ewigkeit würden steigern lassen.

Wir befanden uns am Anfang der zweiten Amtszeit von George W. Bush, der die ihm von den Neokonservativen vorgeschlagenen Strategien in die Tat umsetzte: Er zettelte »Präventivkriege« an, demonstrierte die Macht, sich nicht um Verbündete kümmern zu müssen, und er war willens, den Kapitalismus in seiner marktradikalen Version weltweit unter Zuhilfenahme kriegerischer Mittel durchzusetzen.

DIE »IMMOBILIENBLASE«

Als überzeugter Ultraliberaler unterstützte Präsident Bush Alan Greenspan bei seinem Vorhaben, mit allen Mitteln Wachstum zu stimulieren. Mit einer Politik niedriger Zinsen und der Ausgabensenkung brachte Greenspan die Vermittler des Finanz- und Immobilienmarkts dazu, eine zunehmend größer werdende Klientel zu Investments in den Wohnungsbau zu bewegen. In den Vereinigten Staaten gewährten die Banken Darlehen, die durch die Hauspreise abgesichert waren und mit 110 Prozent ihres Werts veranschlagt wurden. Dies waren Kredite mit variablen Zinssätzen. Die Verantwortung des Käufers beschränkte sich auf seinen Immobilienbesitz. Auf diese Weise entwickelte sich das System der *Subprimes*, hochriskanter Hypothekenkredite, die selbst

Kreditnehmern gewährt wurden, die in höchst unsicheren Verhältnissen lebten.[83]

Indem die Banken diesen in einfachen Verhältnissen lebenden Familien Darlehen gewährten, hatten sie jedoch keineswegs die Absicht, einen sozialen Kapitalismus zu praktizieren. Ganz im Gegenteil, es ist hinlänglich bekannt, dass man durch die Ausbeutung der Armen die besten Geschäfte machen kann. Die Banker spekulierten sogar auf das Unvermögen einer bestimmten Anzahl von Familien, die laufenden Kreditraten zu bedienen, um die zuvor verkauften Häuser wieder an sich zu nehmen – und auf diese Art und Weise doppelt zu verdienen: indem sie zum einen mehrere Jahre lang die monatlichen Ratenzahlungen des Kredits einsteckten, und indem sie zum anderen noch die Immobilie zurückerhielten, deren Wert sich in sieben Jahren verdoppelt hatte.

Doch als 2005 die Federal Reserve aus Inflationsangst die Geldmarktzinsen erhöhte, zerstörte sie die Maschinerie und löste einen Dominoeffekt aus, der seit dem Sommer 2007 das gesamte internationale Bankensystem ins Wanken bringt, weil die an diese Zinsen gekoppelten Kreditraten sich schnell verdoppelten. Annähernd drei Millionen Haushalte, die sich vom Köder der *Subprimes* hatten locken lassen und jetzt nicht mehr in der Lage waren, weitere Zahlungen zu leisten, zogen es vor, die Schlüssel zu ihren Häusern der Bank zurückzugeben.

Zahlreiche in ärmlichen Verhältnissen lebende Familien, die ebenfalls nicht in der Lage waren, diesem unvorhersehbaren Anstieg der Kreditzinsen zu begegnen, fanden sich nun auf der Straße wieder. Plötzlich wurde der Markt mit einer Lawine von Einfamilienhäusern überschwemmt, die die Banken notgedrungen zurückbekommen hatten. Ergebnis: ein starker Preisverfall und ein brutales Platzen der »Immobilienblase«. Die Banken steckten plötzlich in zweifacher Hinsicht in der selbst gestellten Falle: Zum einen hatte eine beträchtliche Zahl ihrer Kunden die Zahlungen eingestellt, zum anderen besaßen sie nun einen gigantischen Immobilienpark, dessen Wert zusehends dahinschmolz.

DIE ERFINDUNG DER IMMOBILIENDERIVATE

Wie konnte sich diese auf die Vereinigten Staaten beschränkte Immobilienkrise in einen weltweiten Crash verwandeln? Weil es im Verlauf der letzten zehn Jahre als Konsequenz der Deregulierung der Finanzmärkte zu einer Art »Bankenrevolution« gekommen war. Es war eine hochentwickelte »Finanzindustrie« entstanden, in deren Zentrum ein »Finanzprodukt-Erfindungsreichtum« stand, der sich durch eine bemerkenswerte Kreativität auszeichnete und bis heute nicht aufgehört hat, Instrumente (Kreditderivate, *Subprimes,* Hedgefonds) und Techniken (Leerverkäufe) zu entwickeln, die bis dahin unbekannt gewesen oder seit langem verboten waren.

Dabei konzentrierte man sich auf das Angebot von Kreditderivaten, die in den achtziger Jahren erstmals auftauchten und nach 2000 allgemein üblich wurden.[84] Spezialisten erklären den Ablauf wie folgt: »Kreditderivate« nennt man den Vorgang des Aufteilens in Finanztitel, das heißt, man kreiert erst Titel, die anschließend auf dem Kapitalmarkt gehandelt und folglich weiterverkauft werden. Wenn früher die Tätigkeit einer Bank darin bestand, die Einlagen ihrer Kunden zu betreuen und sie anschließend an andere weiterzuverleihen, strich sie dabei die Zinsdifferenz und die damit verbundene Provision ein. Kreditderivate aufzulegen hingegen heißt, mal intern, mal bei anderen Finanzinstitutionen, Engagements zu kaufen, die anschließend umgruppiert, »in Päckchen gebündelt« und in Tranchen weitergegeben werden, die wiederum im Rahmen einer Ad-hoc-Struktur sofort an andere Investoren weiterverkauft werden. Am häufigsten geschieht dies auf dem Weg der Börsennotierung auf den Finanzmärkten. Der wesentliche Unterschied ist, dass die Bank im ersten Fall die Risiken trägt, während sie im zweiten zwar ebenfalls eine Vermittlerin ist, jedoch nicht mehr die Risiken trägt, sobald die Papiere weiterverkauft sind. Die Bank streicht nur eine Vermittlungsprovision für das abgeschlossene Geschäft ein.[85]

Mit anderen Worten: Die Schaffung von Kreditderivaten ist eine Finanzoperation, die dem ursprünglichen Kreditnehmer verborgen bleibt und mit der eine Bank ihre Forderungen, die oft mit anderen Werten zusammengelegt sind, auf spezialisierten Märkten weiterverkauft. Das erlaubt es der Bank, sich sowohl zu refinanzieren als auch gleichzeitig ihr Risiko zu verringern, das auf die Investoren abgewälzt wird, die diese Forderungen kaufen. Das ist nicht unbedingt leicht zu verstehen, kann aber sehr viel einbringen.

Die drohende Insolvenz von rund drei Millionen Haushalten jedoch, die mit rund 200 Milliarden Euro verschuldet waren, brachte wichtige amerikanische Kreditinstitute in Gefahr. Um sich gegen ein solches Risiko abzusichern, verkauften diese Banken darum auf dem Weg über *Subprime*-Titel einen Teil ihrer zweifelhaften Forderungen an andere Banken, die sie wiederum an spekulative Investitionsfonds weiterreichten, die sie ihrerseits bei Banken auf dem gesamten Globus unterbrachten. Aus diesem Grund vergleicht man dieses Phänomen mit einer Virusinfektion und spricht auch von »Ansteckung«, »Infektion«, »Epidemie« oder schlicht von »Gift«.

DIE ANSTECKUNG

Zunächst dachten die Banken, die diese *Suprime*-Titel verkauften, nicht daran, dass es bei der Tilgung dieser Kredite zur gleichen Zeit zu massiven Ausfällen kommen würde.

Sie hatten sie über Investitionsfonds weltweit in Umlauf gebracht. Sie exportierten sie in sehr großen Mengen als Garantiewerte, die von den Kreditinstituten, die sie kauften, überbewertet wurden. Nicht nur amerikanische Großbanken, sondern auch Finanzinstitute in Japan, Großbritannien, Deutschland, der Schweiz und Frankreich haben wie auch andere diese *Subprime*-Titel gekauft. Nathalie Funès, Thierry Philippon und Claude Soula bemerken dazu: »Die Vorstände dieser Banken kauften sie, weil ihre Renditen höher waren als bei risikofreien Anlagen, jedoch ohne sie zu verstehen.«[86]

Die Rating-Agenturen stuften diese Papiere als »sicher« ein und bewerteten sie mit der Bestnote »AAA«. Damit erwiesen sich die Agenturen wieder einmal als Komplizen bei der Überbewertung von *Subprime*-Titeln, indem sie die Banken zum Handel mit Finanzprodukten ermunterten, die so ausgefeilt und komplex waren, dass die Mehrzahl der Investoren gar nicht genau wusste, worum es sich überhaupt handelte. Journalisten berichten, »dass sie nicht die Einzigen gewesen seien. Ein stellvertretender Gouverneur der Bank of England, von dem erwartet wurde, dass er die Banken überwacht, konnte während eines Dinners nur mit Mühe die Funktion der Finanzstrukturen erklären, in denen die ›*Subprimes*‹ untergebracht waren ...«[87]

Es kann also nicht überraschen, dass der Markt nicht fähig war, derart komplizierte und raffinierte Instrumente richtig einzuschätzen. Und das in einem Ausmaß, dass der deutsche Volkswirt Reinhard Selten, Nobelpreisträger für Wirtschaftswissenschaften von 1994, vorschlug, die neuen Titel sollten wie Nahrungsmittel mit Etiketten versehen werden, auf denen ihr Gefahrenpotenzial gekennzeichnet sei.

Die Banken ließen sich von der Aussicht auf gefahrlose und hohe Gewinne blenden. Sie warfen jede Vorsicht über Bord und vergaßen, dass es in der Finanzwelt von trickreichen Halsabschneidern nur so wimmelt. Ebenso glaubten sie, das perfekte Gewinnsystem gefunden zu haben, indem sie sich mit dem Verkauf ihrer *Subprime*-Titel an andere Finanzinstitute ihrer zweifelhaften Forderungen entledigten, das Risiko weiterreichten und dennoch gewaltige Profite machten.

Ein Detail jedoch war ihnen entgangen: Während all der Jahre gewährten sie Hedgefonds Kredite, ohne zu hinterfragen – Hedgefonds finanzieren sich mit Hilfe bestimmter Finanzhebel (wenig Eigenkapital und hohe Bankkredite); sie spekulierten massiv –, mit in Derivaten sorgsam verpackten Immobilienforderungen! So nahmen die Banken, ohne es zu realisieren, genau die Risiken wieder zurück, die sie auf die Märkte umgeleitet zu haben glaubten.

ERSTES KNIRSCHEN IM GEBÄLK

Der Umfang der Kredite, die die Banken selbst aufgenommen hatten, um ihre Immobilienkredite bewilligen zu können, lag schließlich so weit über ihrem Eigenkapital, dass jede nennenswerte Schwankung des Preises von Immobilien-Aktiva die Gefahr in sich barg, verheerende Konsequenzen für ihre Existenzgrundlage zu haben. Doch genau das spielte sich im Verlauf des Sommers 2007 ab, als am 17. Juli der Wert zweier Investitionsfonds der amerikanischen Bank Bear Stearns plötzlich einbrach, was den Beginn der Krise markierte.

In diesem Moment realisierte die Finanzgemeinschaft, dass das gesamte Bankensystem durch hochriskante Forderungen verseucht und vergiftet war, die überall eingedrungen waren. Man begriff, dass einige der solidesten Finanzinstitute – Citigroup und Merrill Lynch in den Vereinigten Staaten, und Northern Rock in Großbritannien, UBS in der Schweiz und die Société Générale in Frankreich – gewaltige Verluste zu verzeichnen hatten. Das in sie gesetzte Vertrauen löste sich in Luft auf.

Dies umso mehr, als sich einige dieser Geldhäuser in ihrer Kopflosigkeit und um den Schaden zu begrenzen, eifrig um Kapital unabhängiger Fonds bemühten, die von Staaten der Südhalbkugel oder von Petro-Monarchien kontrolliert wurden. Damit begingen sie ein Sakrileg, sie verleugneten das erste Gebot des neoliberalen Katechismus: Eine Privatbank darf nie zulassen, dass ein Staat (mehr noch, ein ausländischer) sich an ihrem Kapitalstock beteiligt. Das ist ein Zeichen von Verwirrung und Panik.

Sehr schnell versuchten die Zentralbanken der Vereinigten Staaten, Europas, Großbritanniens, der Schweiz und Japans, Hunderte Milliarden von Euro in die Wirtschaft zu pumpen, ohne jedoch das Vertrauen wiederherstellen zu können. Der Mechanismus des Crashs setzte sich in Bewegung.

Obendrein tauchte zwischen Herbst 2007 und Herbst 2008 ein weiteres unerwartetes Phänomen auf: der gleichzeitige Anstieg der Erdölpreise sowie der Preise für Rohstoffe und Nahrungsmittel. Damit waren alle Bestandteile eines perfekten Crashs vereint, wie man ihn nur alle hundert Jahre zu sehen bekommt.

DER KONKURS VON BEAR STEARNS

Um ihre Verantwortung zu verschleiern, bemühten sich die Behörden anfänglich, die Lage zu beschönigen. Die Wahrheit jedoch war, dass wir vor einer ökonomischen Erschütterung von bisher unbekannten Ausmaßen standen.

Seit Juli und August 2007 entwickelte sich die Krise unaufhörlich weiter. Zu dem Zusammenbruch der renommierten amerikanischen Banken Bear Stearns, Merrill Lynch und der riesigen Citigroup kam am 15. September 2008 der Konkurs von Lehman Brothers, der viertgrößten Geschäftsbank der Welt – ein echtes Erdbeben in der Finanzwelt Amerikas, die ohnehin längst traumatisiert war.

Das hinderte einige Aasgeier nicht daran, inmitten dieser Katastrophe auf neue Opfer zu lauern. Sie ließen sich von ihrem Raubtierinstinkt leiten,[88] ohne sich groß Gedanken über den Fortgang des Systems zu machen. Diese neue Art der Ultraliberalen ist weitgehend für den spektakulären Zusammenbruch der Bank Bear Stearns verantwortlich, der fünftgrößten Investitionsbank der Welt.

Die *New York Times*[89] berichtete ausführlich, wie eine Meute von Spekulanten, die die Zeitung als »Gang der Wall Street« bezeichnete und zu der »einige der wichtigsten Figuren der Wall Street und Washingtons gehörten«, in weniger als drei Tagen den Sturz von Bear Stearns organisierte und anschließend unter Mitwirkung der Federal Reserve dem Kauf des Instituts durch JPMorgan Chase Vorschub leistete – ein Coup, den das Blatt schlicht als »Diebstahl« bezeichnete.

Seitdem bekannt war, dass die Bank unter Druck stand, wurde planmäßig eine Verleumdungskampagne betrieben, in der zunächst hartnäckig von einer angeblichen Liquiditätskrise bei Bear Stearns gesprochen wurde. Sogar durch direkte Appelle an Großinvestoren wollte man diese in Angst und Schrecken versetzen und drängte sie dazu, umgehend ihre Fonds abzuziehen. In weniger als zehn Stunden fiel der Kurs der Bear-Stearns-Aktie von 70 auf 2 US-Dollar. Der Präsident von Bear Stearns, Alan Schwartz, versuchte vergeblich, eine Gegenoffensive in Gang zu setzen und anhand von Beweisen die bewusst irreführenden Nachrichten als üble Nachrede zu entlarven. Finanzminister Henry Paulson, ehemaliger Vorstandsvorsitzender der Bank Goldman Sachs, den manche der Beteiligung an der Verschwörung verdächtigten, übte persönlich Druck auf Schwartz aus und versetzte ihm den Todesstoß. Die *New York Times* schrieb: »Er hat ihm die Pistole auf die Brust gesetzt: Entweder du einigst dich mit JPMorgan, oder wir werden dich für bankrott erklären.«

Es war erschreckend: Selbst am Rand des brodelnden Vulkans fanden diese Geschäftemacher noch die Mittel, um aus der herrschenden Angst Gewinn zu ziehen und auf Kosten ihrer Kollegen Profite einzuheimsen. Sie verkörperten die schlimmste Spielart des Neoliberalismus.

DIE DREI KRISEN

Seitdem ist kein Tag vergangen, an dem wir nicht von neuen Kursverfällen und Schwierigkeiten internationaler Banken, Immobilienunternehmer oder Automobilhersteller gehört haben. Um das Debakel zu verhindern, haben Regierungen und Zentralbanken schon jetzt Tausende Milliarden von Euro in das Finanzsystem gepumpt. Ohne Ergebnis. Paul Krugman erklärte: »Die Dinge verschlimmerten sich so schnell, dass die Rettungspläne ständig hinterherhinkten.«[90]

Als die Märkte sich selbst überlassen waren, demonstrierten sie, dass sie nicht funktionierten. Die Banken misstrauten einander und liehen sich gegenseitig kaum noch Geld. Dieser Mangel an Liquidität verteuerte die Kredite für Unternehmen, den Konsum und Immobilien. Seit 1945 hatte man keine so ernste Geldknappheit auf den Finanzmärkten erlebt. Und was manche am meisten fürchteten: dass das Weltwirtschaftssystem insgesamt implodieren könnte.

Inmitten dieser Paniksituation kam es im Oktober 2008 zum dritten Ölpreisschock, als der Preis für ein Barrel Rohöl 150 US-Dollar überschritt (bevor er einen Monat später wieder auf weniger als 50 US-Dollar zurückfiel). Ein unglaublicher Anstieg – zehn Jahre zuvor, 1998, hatte das Barrel noch weniger als zehn Dollar gekostet –, der weniger durch die übermäßige Nachfrage als durch das unselige Wirken zahlreicher Spekulanten ausgelöst worden war, die auf eine fortgesetzte Hausse bei fossilen Brennstoffen gesetzt hatten. Nachdem die Investoren aus den *Subprime*-Hypotheken und der »Immobilienblase« geflüchtet waren, hatten sie gewaltige Summen umgeschichtet und auf einen Erdölpreis von 200 bis 300 US-Dollar pro Barrel gesetzt. So entstand ein »kapitalgesteuerter« Markt für Erdöl – mit allen Konsequenzen: ungeheure Preissteigerungen an den Zapfsäulen und Wut unter den am meisten betroffenen Berufsgruppen wie etwa Fischern, Spediteuren, Landwirten, Taxifahrern und vielen anderen. In mehreren Ländern forderten sie mit Unterstützung der öffentlichen Meinung, durch Streiks und Demonstrationen und bei Zusammenstößen mit der Polizei Hilfe von ihren Regierungen, ferner Subventionen und Steuererleichterungen bei Treibstoffen.

Als wäre das alles nicht schon besorgniserregend genug, ereignete sich nun auch noch eine Nahrungsmittelkrise. Der dramatische Anstieg der Lebensmittelpreise löste zahlreiche Protestdemonstrationen in den betroffenen Bevölkerungen aus. Auch hier trifft wieder die Spekulanten ein Teil der Verantwortung, weil sie vor dem finanziellen Desaster auswichen und lieber künftige Ernten massiv aufkauften und auf einen starken Preisanstieg setzten. So fand sich selbst die Landwirtschaft plötzlich als »kapitalmarktgesteuert« wieder.

Diese drei ernsten Krisen – Finanz-, Energie- und Ernährungskrise – ereigneten sich gleichzeitig, überschnitten und vermischten sich und beeinflussten sich gegenseitig. Sie beförderten sich wechselseitig und verstärkten so exponentiell den Verfall der Realwirtschaft. Sie stellen den beklagenswerten Saldo von drei Jahrzehnten Neoliberalismus dar.

DAS ENDE EINES GOLDENEN ZEITALTERS

In einem arroganten Akt geheuchelter Reue gab Alan Greenspan, einer der Verantwortlichen für diesen Crash, zu, dass das gegenwärtige Erdbeben die Überlegenheit eines Systems des »freien Marktes«, an das er immer geglaubt habe, infrage stellte.[91]

Eine Ära des Kapitalismus ging somit zu Ende, die 1981 mit der Formel Ronald Reagans begonnen hatte: »Der Staat ist nicht die Lösung, sondern das Problem.« 30 Jahre lang hatten die Fundamentalisten der freien Marktwirtschaft immerzu wiederholt, dass diese immer recht habe, dass Globalisierung ein überaus glücklicher Umstand sei und dass der Finanzkapitalismus für alle die Grundlage des Paradieses auf Erden sei. Sie täuschten sich.

Das Goldene Zeitalter der Wall Street ist zu Ende: »Schlussklappe« für eine Szene unverantwortlicher Deregulierung, Misswirtschaft und Verschwendung, verkörpert durch eine Aristokratie von Geschäftsbankern, die sich für die neuen »Herren der Welt« hielten; getrieben von Habgier auf kurzfristige Gewinne, Boni und Prämien; zu allem bereit, um ihre Gewinne aufzubauschen. Sie waren die Erfinder ausgefeilter Finanzinstrumente und undurchsichtiger, betrügerischer Manipulationen, ungedeckter Verkäufe, der »Kapitalmarktsteuerung« von Aktiva, von *Credit Default Swaps*, von Hedgefonds … Wie eine Pest steckte dieses Fieber den ganzen Globus an. Die Märkte wurden bis zum Platzen aufgebläht, befeuert von überschüssiger Liquidität, die ihrerseits Spekulationen und gewaltige Preisanstiege ankurbelte.

Die globale Wirtschaft ist zu einer gigantischen virtuellen und immateriellen Papierwelt geworden. Während der jährlich durch die Realweltwirtschaft erzeugte Reichtum bei etwa 50 000 Milliarden Euro liegt, der Aktienwert von Immobilien im weltweiten Maßstab eine Größenordnung von 75 000 Milliarden Euro ausmacht und der Wert aller Obligationen und Aktien auf 100 000 Milliarden Euro geschätzt wird, lag der Gesamtwert sogenannter Derivate allein im Dezember 2007 bei einer Million Milliarden Euro![92] Und mit einem Mal platzte diese riesige Blase.

Die Katastrophe war da: Mehr als 25 000 Milliarden Euro hatten sich bereits in Luft aufgelöst; Geschäftsbanken verschwanden vollständig, und die fünf größten Geldhäuser, Eckpfeiler des Systems, brachen zusammen: Lehman Brothers in Konkurs, Bear Stearns – mit Hilfe der Federal Reserve – von Morgan Chase aufgekauft, Merrill Lynch von der Bank of America geschluckt und die beiden letzten, Goldman Sachs und Morgan Stanley (das letztgenannte Geldhaus wurde zum Teil von dem japanischen Unternehmen Mitsubishi UFJ aufgekauft), gaben ihren Status als Investmentbanken freiwillig auf und wurden wieder einfache Geschäftsbanken, die seitdem der Kontrolle der Federal Reserve unterstehen.

Jedes einzelne Kettenglied im funktionierenden Ablauf des Finanzapparats erwies sich als brüchig und nicht mehr vertrauenswürdig. Das betraf nicht nur die Geschäftsbanken, sondern auch die Zentralbanken, die Regulierungsbehörden, die Handelsbanken, die Sparkassen, die Versicherungsgesellschaften, Rating-Agenturen (Standard & Poor's, Moody's, Fitch) und selbst die renommierten internationalen Wirtschaftsprüfungsgesellschaften (Deloitte & Touche, Ernst & Young, PwC).

Dieses Abdriften war schon 1987 von Tom Wolfe in seinem Roman *Fegefeuer der Eitelkeiten* kritisiert worden sowie von zahlreichen Autoren in gut recherchierten Essays, beispielsweise von Viviane Forrester in *Der Terror der Ökonomie* (1999).

Aus diesem Grund hätte das gegenwärtige Scheitern nicht überraschen dürfen. Missbräuche und Wahnwitzigkeiten des Neoliberalismus wurden oft verspottet und durch Beweise erhärtet. Der Skandal der »faulen Hypotheken« (*Subprimes*) war ebenfalls seit dem Sommer 2007 bekannt. Jeder wusste Bescheid. Ebenso wie jeder um die Liquiditätsexzesse wusste, die sich an der Spekulation orientierten, sowie um den künstlichen Anstieg der Immobilienpreise.

Alle diese alarmierenden Hinweise waren erfolgt, ohne dass die verantwortlichen Behörden sich davon hätten beeindrucken lassen. Das Verbrechen profitierte zweifellos davon, dass zu viele Akteure vereinzelt agierten. Oder die Ideologie hatte sie blind gemacht. Wie sollte man sonst die irrigen Vorhersagen von renommierten Geldhäusern erklären? Nehmen wir beispielsweise Crédit Suisse, UBS, Citigroup, JPMorgan, Deutsche Bank, Goldman Sachs oder BNP Paribas, die für ihr Fachwissen in Börsenangelegenheiten bekannt sind. Ihre Analysten studierten die Kursentwicklung der Aktien von mehr als 10 000 börsennotierten Unternehmen. Und dennoch empfahlen im Juni 2008, als der Schwindel mit den *Subprimes* schon seit fast einem Jahr offenkundig war, kaum 13 Prozent dieser »Experten« den Verkauf von Aktien. Der Rest sah die Krise überhaupt nicht kommen und riet weiterhin zum Kauf.

In Europa erkannte auch Jean-Claude Trichet, der Präsident der EZB, die sich entwickelnden Erschütterungen überhaupt nicht. Noch im Juni 2008 erklärte er: »Unser Grundszenario zeigt, dass wir während des zweiten und dritten Quartals 2008 ein geringes Wachstum erleben werden, um anschließend wieder den Weg eines bescheidenen kontinuierlichen Wachstums im vierten Quartal zu beschreiten.«[93]

Was die französische Finanzministerin Christine Lagarde betrifft, so bleibt ihr berühmter Satz unvergessen. Am 20. August 2008 erklärte sie: »Ich glaube, dass der schlimmste Teil der Krise hinter uns liegt.« Bleibt noch zu sagen, dass sie drei Tage zuvor schon bestätigt hatte: »Wir müssen einen kühlen Kopf bewahren, denn dies ist kein Crash.« Eine echte Wahrsagerin.

Unter den amerikanischen Ökonomen sahen nur zwei – Nouriel Roubini[94] und Paul Krugman – den Crash vorher. Die Mehrzahl der anderen bestätigte auch weiterhin mit Unterstützung durch die großen Medien, dass das private Unternehmertum und der Markt alles richten könnten.

Der Generaldirektor des Internationalen Währungsfonds fühlte sich immerhin zu dem Eingeständnis genötigt: »Diese Krise ist ein Versagen der Überwachung, ein Versagen der Regulierung, ein Versagen des Glaubens, dass der Markt alles ganz allein regeln könne.« Dann fügte er hinzu: »Man muss die Spielregeln ändern, ebenso die Regulierung. Die Lektion besteht darin, dass man für das gute Funktionieren des Marktes mehr Staat und mehr öffentliche Macht braucht.«[95]

Die Regierung von Präsident George W. Bush sah sich genötigt, das neoliberale Dogma öffentlich zu verleugnen. »Exorbitante Gehälter der Vorstände, eine stigmatisierte Finanz- und eine kritisierte Marktwirtschaft: Die Krise hat eine gigantische ideologische Kehrtwende ausgelöst«, wie François Lenglet feststellte. »So wie mit dem Knirschen im Gebälk des weltweiten Bankensystems ein großer liberaler Zyklus zu Ende ging. Zyklen, welche der Kapitalismus schon mehrmals erlebte, die aber immer auf die gleiche Weise unterbrochen wurden, nämlich durch einen aufsehenerregenden Crash.«[96]

»VERGOLDETE FALLSCHIRME«

Während die Welt in die Krise des Jahrhunderts stürzte, kassierten die Führungskräfte zahlreicher Geldhäuser trotzdem weiterhin unglaubliche Prämien und Gehälter. Die Vorstände von Banken oder Großunternehmen verließen ihre Firmen, selbst nachdem sie bedeutende Verluste erlitten hatten, mit Abschiedsprämien (»Vergoldeten Fallschirmen«) von schwindelerregender Höhe. Ihre Art der Vergütung funktionierte in der Tat wie eine Anstiftung zum Verbrechen: Je mehr Risiken sie auf sich nahmen, umso höher fiel ihre Entlohnung aus. Im Fall von Verlusten mussten die Kunden sie tragen. Die Banker waren bei jedem Coup die Gewinner. So haben beispielsweise fünf aufeinanderfolgende Quartale mit

Verlusten und der Einbruch ihres Aktienkurses um 70 Prozent die New Yorker Bank Merrill Lynch nicht daran gehindert, im Dezember 2008 rund 5,4 Millionen Euro Boni an ihre Führungskräfte auszuzahlen. Goldman Sachs und Morgan Stanley, die gerade ihren Status als Investmentbanken verloren hatten, schütteten 10,4 Millionen Euro aus. Einige Manager von Lehman Brothers erhielten Ende 2008 fast den gleichen Bonus wie im Vorjahr, obwohl ihre Bank Insolvenz angemeldet hatte.

Goldman Sachs zahlte 2008 durchschnittlich 163 000 Euro an jeden seiner Beschäftigten, Morgan Stanley 106 000 und Merrill Lynch 85 000. Der Agentur Bloomberg zufolge schütteten diese vier Banken zusammen mit Bear Stearns zwischen 2003 und 2007 ihren Angestellten zusätzlich zu den Gehältern rund 116 Milliarden Euro an Prämien aus.

Die Einkünfte der Spitzenkräfte waren noch krasser. In dieser Hinsicht ist Richard Fuld, Ex-Chef von Lehman Brothers, deren Konkurs er nicht hatte vermeiden können, von Symbolcharakter. Es wird vermutet, dass er in drei Jahren 340 Millionen Euro verdiente.[97]

Die Banker waren nicht die Einzigen, denen astronomische Gehälter zugesprochen wurden; das gesamte System war freigebig und gefällig, so dass jeder zur persönlichen Bereicherung ermutigt und diese auch noch gefeiert wurde. In der Industrie dominierten Habgier und die Verlockung des Geldes. Um ein Beispiel zu nennen: Zu einer Zeit, in der der Automobilbau eine der schwierigsten Perioden seiner Geschichte erlebte, kassierte der Vorstandsvorsitzende von Porsche, Wendelin Wiedeking, im Haushaltsjahr 2007/08 mehr als 77 Millionen Euro, wie im Dezember 2008 bekannt wurde. Das war mehr als alle Einkünfte der vierzehn bestbezahlten Unternehmenschefs des DAX zusammen, oder mit anderen Worten, ein Stundenlohn von 21 346 Euro ...[98]

Unterdessen war laut Peter Orszag, Direktor des Haushaltsbüros des Kongresses (CBO), in den Vereinigten Staaten das Vermögen der privaten Pensionsfonds auf 2000 Milliarden Dollar zusammengeschmolzen, weshalb er der Meinung war, die von den Fonds abhängigen Angestellten würden von dem Absturz der Börsenkurse hart getroffen werden und wahrscheinlich »genötigt sein, später als beabsichtigt in den Ruhestand zu gehen«. Infolge des Finanzcrashs mussten zahlreiche Angestellte feststellen, dass sie über weit geringere Pensionen verfügen werden würden als angenommen. Henry Sterdyniak vom Französischen Institut zur Beobachtung der Wirtschaftskonjunktur (OFCE) zufolge werden diese Angestellten »gezwungen sein, später in den Ruhestand zu gehen. Die Krise bestätigt alle Befürchtungen, die man gegenüber Pensionsfonds auf Kapitalbasis hegen konnte«[99].

Dieses Debakel ereignete sich zu einem Zeitpunkt, da die Linke Europas keine angemessene theoretische Antwort hatte. Sie hatte keinen »Plan B«, um aus dem Zusammenbruch politischen Nutzen zu ziehen. Vor allem die Sozialdemokratie, die selbst seit langem von den neoliberalen Thesen unterwandert worden war und sich in einem Schockzustand zu befinden schien, bot einen Anblick, als wäre sie unversehens von der Krise überrascht worden. Dabei wäre es jetzt mehr als je zuvor nötig, Mut und Kreativität an den Tag zu legen.

Der Zusammenbruch des neoliberalen Dogmas ließ die Mehrheit der politisch Verantwortlichen hilf- und ratlos dastehen. Der bemitleidenswerte Anblick der Führungsriegen, die an allen Ecken der Welt immer mehr Konferenzen abhalten und Rettungspläne ausarbeiten, vermittelt einen Eindruck ihrer Kopflosigkeit und ihrer Verzweiflung. Die politische Klasse der Vereinigten Staaten trägt die Hauptverantwortung, weil sie im Namen ideologischer Maßgaben die Banken ermächtigte, unter Bedingungen einer weitestgehenden Verantwortungslosigkeit zu handeln, und ein System unterstützte, das allein Spekulanten glücklich machte.

SOZIALISMUS FÜR DIE REICHEN

In Europa und den Vereinigten Staaten baten die Banken flehentlich um die Intervention durch den Staat. Die wichtigsten amerikanischen Unternehmen für Immobilienkredite, Fannie Mae und Freddie Mac, wurden verstaatlicht, ebenso die American International Group (AIG), die größte Versicherungsgesellschaft der Welt. Finanzminister Henry Paulson legte einen Rettungsplan vor, mit dem er das System der *Subprime*-Titel bereinigen wollte, 500 Milliarden Euro schwer, die der Staat (also der amerikanische Steuerzahler) finanzieren sollte.

Diese 500 Milliarden Euro kamen zu den innerhalb weniger Monate bereits getätigten Interventionen der amerikanischen Behörden hinzu. Wenn man die Darlehen der Federal Reserve an das Bankensystem (167 Milliarden), die Rettungszahlungen an Bear Stearns, Fannie Mae und Freddie Mac sowie an die AIG (242 Milliarden), die Unterstützung der Sparfonds (39 Milliarden) und die Hilfszahlungen an verschuldete Hausbesitzer (231 Milliarden) addiert, erhält man eine Gesamtsumme von 1179 Milliarden Euro.

Diese »Lösung« – öffentliches Geld gegen die Teil- oder gar Totalverstaatlichung bestimmter Banken – wäre noch vor wenigen Monaten als Häresie gegen die »reine Lehre« betrachtet worden, und das von eben den Behörden, die sie heute umsetzen. Eine derart brachiale Kehrtwende zeigt allzu deutlich den Ernst der Lage.

Die Interventionen der Staaten, dem Umfang nach die bedeutendsten der Wirtschaftsgeschichte, sind gleichsam Beweis für den Misserfolg eines Modells, ein Beleg dafür, dass die Märkte sich nicht selbst regulieren können. Schon ihre Gefräßigkeit führt zu ihrer Selbstzerstörung. Übrigens zielt der Verstoß der Behörden gegen ihr eigenes neoliberales Dogma nicht in erster Linie darauf, den Sparern zu helfen, die zu Opfern der Banker geworden waren, sondern im Gegenteil darauf, die Banker zu retten, ganz im Geiste des alten liberalen Credos: Privatisierung der Gewinne, aber Sozialisierung der Verluste. Man lässt die Armen für die Versteigenheiten der Banker zahlen, indem man ihnen droht, sie noch weiter verarmen zu lassen, falls sie sich nun weigern sollten zu zahlen.

Entgegen der Einwände des Kongresses hatte die amerikanische Regierung nicht rechtzeitig bedacht, welche Kosten einmal für die Rettung der »*bankster*« (Gangster-Banker) zu zahlen sein würden. Im Frühjahr 2008 hatte Präsident Bush sich geweigert, ein Gesetz zu unterzeichnen, demzufolge mit nur sechs Milliarden Euro jährlich die medizinische Versorgung von neun Millionen armen Kindern gesichert werden sollte; seinen Worten nach eine »unnütze Ausgabe«. Sechs Monate später schien ihm für die Gauner der Wall Street nichts zu teuer zu sein. Verkehrte Welt: Sozialismus für die Reichen und Raubtierkapitalismus für alle anderen![100]

2. PROBLEME, GEFAHREN, AUSSICHTEN

DIE ERDE, DIE RESSOURCEN, DIE MENSCHEN

DIE RETTUNG DES PLANETEN

Seit Beginn der achtziger Jahre kam es auf dem gesamten Globus in ununterbrochener Abfolge zu Skandalen, betrügerischen Konkursen, Börsencrashs und sozialen Krisen. Das hat auch den ökologischen Raubbau massiv verschlimmert.

Bereits 1992, als sich die Staats- und Regierungschefs der Welt im Rahmen der Konferenz der Vereinten Nationen über Umwelt und Entwicklung in Rio de Janeiro trafen, bekräftigten sie, dass »die Hauptursache des weltweit fortgesetzten Raubbaus an der Umwelt ein nicht lebensfähiges Konsum- und Produktionsmuster ist, vor allem in den Industrieländern. Dieses Muster ist hinsichtlich des Umfangs, in dem es Armut und Ungleichgewicht verschlimmert, extrem besorgniserregend.«[101]

Die Alarmglocke hat geklingelt: Das Klima erwärmt sich, Süßwasservorräte verringern sich, die Wälder verschwinden, Hunderte Arten von Lebewesen sind vom Aussterben bedroht und über eine Milliarde Menschen leben in Armut. Zwei entscheidende Konventionen zum Klimawandel und zur Biodiversität sind bereits angenommen worden, ebenso ein Aktionsplan, die *Agenda 21*, um eine nachhaltige Entwicklung allgemein durchzusetzen.

Dies beruht auf einer einfachen Annahme: Die Entwicklung ist nachhaltig, wenn die künftigen Generationen eine Umwelt von uns erben, deren Qualität zumindest derjenigen gleichwertig ist, die wir von vorangegangenen Generationen überlassen bekommen haben.[102] Diese Entwicklung setzt die Anwendung dreier Grundsätze voraus: den *Grundsatz der Vorausschau*, der einen präventiven Ansatz dem einer späteren »Reparatur« der Umwelt vorzieht, das *Prinzip der Solidarität* zwischen heutigen und künftigen Generationen und allen Völkern der Erde sowie das *Prinzip der Teilhabe* sämtlicher sozialer Akteure an den Entscheidungsmechanismen.[103]

Diesen guten Absichten sind nur wenige Taten gefolgt. Fast 20 Jahre später sind die Dinge in zahlreichen Bereichen weit von einer Verbesserung entfernt. Ganz im Gegenteil, mit der zunehmenden Beschleunigung der marktradikalen Globalisierung hat das »nicht lebensfähige Konsum- und Produktionsschema« an Intensität zugenommen. Die Ungleichheit hat Ausmaße erreicht, wie sie die Welt seit den Zeiten der Pharaonen nicht mehr gesehen hat. Das Vermögen der drei reichsten Menschen der Erde ist größer als alle Einkünfte sämtlicher Einwohner der 48 ärmsten Länder zusammen!

Die Verschmutzung der Biosphäre durch die reichen Staaten der Welt macht sich ebenfalls immer stärker bemerkbar. Während 30 der am stärksten industrialisierten Länder 20 Prozent der Weltbevölkerung stellen, produzieren sie 85 Prozent aller synthetisch hergestellten Chemieprodukte und konsumieren 80 Prozent der fossilen Energie und 40 Prozent des Süßwassers. Ihr Ausstoß von Treibhausgasen ist pro Einwohner zehnmal höher als in den Ländern der südlichen Halbkugel.[104]

Im Lauf des Jahrzehnts von 1995 bis 2005 nahm der Ausstoß des Treibhausgases CO_2, die Hauptursache der Klimaerwärmung, um neun Prozent zu. Der Ausstoß von Treibhausgasen in den Vereinigten Staaten, des stärksten Umweltverschmutzers der Erde, stieg im selben Zeitraum um 18 Prozent! Unterdessen haben über eine Milliarde Menschen auch weiterhin keinen regelmäßigen Zugang zu Trinkwasser, und annähernd drei Milliarden (die Hälfte der Weltbevölkerung) konsumieren Wasser von miserabler Qualität. Infolge dieses verseuchten Wassers sterben jeden Tag 30 000 Menschen.

DIE GEFÄHRDETE MENSCHHEIT

Die lange Zeit verleugnete oder kleingeredete ökologische Frage steht inzwischen im Mittelpunkt der Ängste der Bürger.

Anfänglich gab es nur die unermüdliche Arbeit ökologischer Organisationen auf der Grundlage wissenschaftlicher Berichte – vor allem die Denker und Begründer einer modernen Ökologie, die sich unter dem Namen Club of Rome zusammengefunden hatten. 1972 veröffentlichten sie einen ersten Bericht, der weltweit das Gewissen der Menschen wachrütteln sollte.[105]

In Frankreich bemühte sich ab 1974 René Dumont, der erste ökologische Kandidat bei einer Präsidentenwahl, darum, einer neuen Generation die Begrenztheit der natürlichen Ressourcen und die Gefahren eines exponentiellen Wirtschaftswachstums bewusst zu machen. Anschließend folgte der entscheidende Brundtland-Bericht, der 1987 unter dem Titel *Unsere gemeinsame Zukunft*[106] von der Weltkommission für Umwelt und Entwicklung veröffentlicht wurde, der Gro Harlem Brundtland vorstand.

Dieser Bericht führte das Konzept der »nachhaltigen Entwicklung« ein, das uns allen seitdem so vertraut geworden ist. Die Appelle an das Weltgewissen setzten sich anschließend mit dem erwähnten ersten »Erdgipfel« 1992 in Rio de Janeiro zügig fort. Anlässlich dieses Ereignisses wurde man auch erstmals der Tatsache gewahr, dass die Weltbevölkerung in einem beispiellosen Tempo zunimmt. Heute sind wir 6,5 Milliarden Menschen, und diese Zahl wird sich erst um 2050 bei rund zehn Milliarden stabilisieren.

Wenn nun alle das Konsumniveau der reichsten Länder erreichen würden, könnte unser Heimatplanet nur mit Mühe die Bedürfnisse von rund 600 Millionen Menschen befriedigen. Die Ressourcen der Erde sind nicht unerschöpflich, und namentlich durch die Verwechselung von Entwicklung mit Wachstum geht die systematische Zerstörung der Umwelt im Norden wie im Süden weiter. Die Verwüstungen auf allen Gebieten setzen sich unvermindert fort: Betroffen sind Fauna und Flora, die Böden, das Wasser und die Atmosphäre. Energieverschwendung, fortschreitende Urbanisierung, Raubbau an den tropischen Regenwäldern, Verseuchung des Grundwassers, der Meere und Flüsse, Abnahme der Ozonschicht, saurer Regen – all das gefährdet die Zukunft der Menschheit.

UNBEQUEME WAHRHEITEN

Obwohl hinlänglich bekannt, scheinen all diese Informationen erst jüngst einen wahrhaft kollektiven Schock ausgelöst zu haben. Großen Anteil daran hatte der Film *Eine unbequeme Wahrheit* mit dem früheren US-Vizepräsidenten Al Gore. Der Film erinnerte eindringlich daran, dass die Zunahme von Treibhausgasemissionen eine Erwärmung der Durchschnittstemperatur unseres Planeten um ein bis zwei Grad bewirken und den Meeresspiegel um 0,2 bis 1,5 Meter anheben könnte. Allein der seit Anfang der Industrialisierung durch menschliche Aktivitäten verursachte CO_2-Anteil in der Atmosphäre ist zu 65 Prozent für die Klimaerwärmung verantwortlich, und mit den Beiträgen von Riesen wie China oder Indien nimmt der CO_2-Ausstoß Jahr für Jahr um acht Milliarden Tonnen zu.

Künftiges Ausmaß und Fortdauer des anhaltenden Temperaturanstiegs werden durch den Treibhauseffekt bestimmt, der von den CO_2-Emissionen, die wir weiterhin ausstoßen, ausgelöst wird. Die Klimastörungen werden umso deutlicher spürbar sein, wenn die Durchschnittstemperatur ansteigt. Dieser Anstieg kann von einer immer schnelleren Abfolge und immer stärkeren Gewalt meteorologischer Extreme wie heftige Stürme, sintflutartige Regenfälle, Zyklone, Dürreperioden und rasant voranschreitende Wüstenbildung begleitet sein sowie von einer zunehmenden klimatischen Unberechenbarkeit, die sich über den ganzen Planeten ausbreiten wird. Wenn die Emission von Treibhausgasen nicht reduziert wird, kann es zu Naturkatastrophen unvorstellbaren Ausmaßes kommen.

Die Berliner UN-Klimakonferenz im April 1995 bestätigte schon die Annahme, dass der Markt im Zeichen des Neoliberalismus nicht in der Lage sein würde, den weltweit die Umwelt belastenden Risiken zu begegnen. Der Schutz der Biodiversität, der Artenvielfalt des Lebens, ist seitdem ein unverzichtbarer Bestandteil jeder nachhaltigen Entwicklung. Die reichen Länder – und da vor allem die Vereinigten Staaten und China, die für die Hälfte der CO_2-Emissionen der Industrieländer verantwortlich sind – sind angehalten, die 1992 auf dem Gipfel von Rio de Janeiro gefassten Beschlüsse einzuhalten.

Während die Europäische Union sich für eine Verringerung der Treibhausgase bis zum Jahr 2010 ausgesprochen hatte, verschleppte die amerikanische Regierung unter Präsident George W. Bush die Entscheidung und weigerte sich, das Protokoll von Kyoto zu ratifizieren, das Februar 2005 in Kraft trat. Es verpflichtet 38 Industriestaaten, ihre CO_2-Emissionen bis 2012 um 5,2 Prozent gegenüber denen von 1990 zu verringern.

Aber die veränderte öffentliche Meinung, besorgt durch die Häufung von Naturkatastrophen, drängt selbst die zögerlichsten Regierungen dazu, auf Lösungen mit erneuerbaren Energien zu setzen. Dies umso mehr, als das Ende der weltweiten Ressourcen an fossilen Brennstoffen unausweichlich näher rückt und obendrein die reichen Staaten aus politischen und nicht ökologischen Gründen ihre Abhängigkeit von den großen Erdölstaaten wie Russland, Saudi-Arabien, Iran, Irak oder Venezuela verringern wollen.

SIEBEN DRINGENDE ENTSCHEIDUNGEN

Wenn man das Energiemodell ändert, ohne im selben Umfang das neoliberale Wirtschaftsmodell zu modifizieren, führt das nur zu einer Verlagerung der ökologischen Probleme – ohne sie zu lösen, vielmehr verbunden mit der Gefahr, sie zu verschlimmern. Um den Planeten zu retten, ist es unausweichlich, allen Mächtigen der Welt mindestens sieben grundlegende Maßnahmen aufzuzwingen: 1. ein internationales Programm zugunsten erneuerbarer Energien, in deren Mittelpunkt der Zugang zu Energie für die Länder der Südhalbkugel steht; 2. Erleichterungen des Zugangs zu sauberem Wasser und dessen Reinhaltung mit dem Ziel, von jetzt bis zum Jahr 2015 die Zahl derer zu halbieren, die dieser lebenswichtigen Ressource (die ein Gemeineigentum der Menschheit darstellt) beraubt sind; 3. Gesetze zum Schutz der Wälder, wie sie durch die 1992 in Rio de Janeiro vereinbarte Klimarahmenkonvention über die biologische Vielfalt formuliert wurden; 4. Errichtung eines juristischen Rahmens, der die ökologische Verantwortung den Unternehmen auferlegt und in dieser Hinsicht ein Prinzip der Vorausschau, Vorsicht und Vorsorge als Grundlage allen wirtschaftlichen Handelns festschreibt; 5. Initiativen, um die WTO-Regeln den Prinzipien der Vereinten Nationen zum Schutz der Ökosysteme sowie den Normen der Internationalen Arbeitsorganisation in Genf unterzuordnen; 6. die Verpflichtung der Industriestaaten, mindestens 0,7 Prozent ihres Bruttosozialprodukts für die staatliche Entwicklungshilfe zu verwenden; 7. Richtlinien zum Erlass der Schulden armer Länder.

Indem sie die Umwelt zerstörten, ließen die Menschen die Erde immer weniger lebenswert werden. Man muss den Versuch machen, diese Tendenzen umzukehren, die andernfalls unausweichlich zur vollständigen ökologischen Katastrophe führen. Das ist eine gravierende Herausforderung, die wir nichtsdestoweniger bewältigen müssen, wenn nicht die Menschheit selbst in ihrem Fortbestand bedroht sein soll.

Die Situation scheint also günstig für eine Änderung des Energiemodells, was die Industrie des Nordens erstmals wahrgenommen zu haben scheint – und das trotz der kurzfristigen Aussicht auf weiterhin ungeheure Profite. Das verspricht einen neuen Wirtschaftszyklus, den der »grünen Wirtschaft«, in Gang zu setzen.[107]

Aber wird dies der Umwelt wirklich zugutekommen? Das scheint ungewiss, denn schon jetzt wird der Bau von Hunderten neuer Atomanlagen angekündigt, die zwar auf den ersten Blick scheinbar kein CO2 emittieren, dafür jedoch andere nicht weniger tödliche Gefahren in sich bergen. Überdies zeigt sich nun auch die Herausforderung durch Agro-Kraftstoffe, die anfangs begrüßt wurden, allmählich aber ihre Kehrseite enthüllen. Sie versprechen, dass mit einem reinen Gewissen das (verhängnisvolle) Modell der vollständigen Motorisierung aufrechterhalten werden könne, unter dem Vorwand, dass die Fahrzeuge weniger Schadstoffe emittieren würden. Tatsächlich lösten sie eine entfesselte Spekulation auf Grundnahrungsmittel wie Zucker oder Mais aus, mit denen sich Ethanol erzeugen lässt. Die Preise für Weizen und Gerste sind 2008 um 70 bis 80 Prozent gestiegen, während die Maispreise sich verdoppelt haben. Die weltweit steigende Nachfrage nach Agro-Kraftstoffen erfordert nun notwendigerweise einen Ausbau der Anbauflächen um nahezu 20 bis 30 Prozent. Was unmöglich ist, es sei denn, man nimmt im Amazonasgebiet oder im Kongobecken besorgniserregende Abholzungen in Kauf.[108]

HUNGERUNRUHEN

In mehr als 30 Ländern hat die unsichere Ernährungslage in den Jahren 2007 und 2008 zu Protesten geführt. Zu den ersten kam es in Mexiko aufgrund des übermäßigen Anstiegs der Maispreise. Auch in Birma war der Aufstand buddhistischer Mönche im September 2007 durch Demonstrationen gegen die Lebensmittelpreise ausgelöst worden. Und im Frühjahr 2008 erlebten wir in verschiedenen Städten Ägyptens, Marokkos, Haitis, der Philippinen, Indonesiens, Pakistans, Bangladeschs, Malaysias und vor allem in Westafrika der Elfenbeinküste, im Senegal, in Kamerun und Burkina Faso schwere Unruhen.

Es waren die Ärmsten, die da in den urbanen Ballungsgebieten rebellierten. Manche zögerten in ihrer Verzweiflung nicht einmal, etwa in Somalia oder am Golf von Guinea, sich der Piraterie zu bedienen, um Schiffsladungen voller Reichtümer in ihren Besitz zu bringen. Bis jetzt haben sich jedoch weder die Bauern noch der Mittelstand erhoben. Aber beide Bevölkerungsgruppen werden es tun, wenn die Lebensmittelpreise weiterhin derart steigen. Dennoch bleibt das Paradox bestehen, dass die Lebensmittelproduktion noch nie so üppig war wie heute. Der gegenwärtig hohe Preisauftrieb ist kein Ergebnis von Knappheit, sondern vor allem eines der Spekulation, die sich nach dem Immobilienmarkt und den Börsen jetzt den Lebensmittelmärkten zuwendet, um hier die Preise künstlich in die Höhe zu schrauben.

Das könnte also zu neuen Aufständen führen und längerfristig die Gefahr mit sich bringen, dass neue Einwanderungswellen auf die Industriestaaten des Nordens zukommen. Die Ernährung verschlingt in den armen Ländern tatsächlich bis zu 75 Prozent der Familieneinkommen gegenüber nur 15 Prozent in den reichen Staaten.

Um den nächsten Unruhen vorzubauen, haben manche Regierungen in der Zwischenzeit bereits Maßnahmen ergriffen: Kasachstan beispielsweise stellte sämtliche Getreideexporte ein; Indonesien entschied, den Reisexport zu begrenzen; die Philippinen sagten der Lebensmittelspekulation den Kampf an; und Argentinien, Vietnam und Russland schränkten ihre Verkäufe von Getreide, Reis und Soja ins Ausland ein.

Dennoch stiegen die Preise weiter. Zwischen März 2007 und Mai 2008 kletterten der Milchpreis um 80 Prozent, der Sojapreis um 87 Prozent und der Getreidepreis um 130 Prozent in die Höhe. Die Weltbank, die in dieser Angelegenheit eine große Verantwortung trägt, bestätigt, dass diese Preisanstiege mehr als 100 Millionen Menschen zusätzlich in Armut gedrückt haben. Der Internationale Entwicklungsfonds für Landwirtschaft schätzt, dass mit jedem Preisanstieg bei Grundnahrungsmitteln von einem Prozent weitere 16 Millionen Menschen von Nahrungsmittelknappheit bedroht sind. Der Entwicklungsfonds sieht voraus, dass bis 2025 mehr als 1,2 Milliarden Menschen dauerhaft Hunger leiden könnten.

Im Wesentlichen ist der Preisauftrieb bei Lebensmitteln aus vier Gründen derart gravierend. In erster Linie aufgrund der Finanzspekulation: Auf der Flucht vor der Krise im *Subprime*-Markt setzten die Investitionsfonds auf Nahrungsmittelprodukte. Das sind Fluchtwerte. Die Fonds kauften auf und horteten, da sie hier auf eine Hausse hofften. Man schätzt, dass ungefähr zehn Prozent der Preissteigerungen auf die Spekulation zurückzuführen sind. Die neuen Spekulanten zögerten nicht, sich selbst auf die Gefahr von Hungersnöten hin zu bereichern.

Zweitens änderte der Anstieg des Lebensstandards in Ländern wie China, Indien oder Brasilien die Ernährungsgewohnheiten der Menschen. Die neuen Mittelklassen verbrauchen mehr Hühner- und Schweinefleisch. Das erfordert es, die doppelte oder dreifache Anzahl dieser Tiere zu züchten. Diese ernähren sich aber von Soja, Mais und anderen Getreidesorten und absorbieren dadurch einen immer größeren Anteil der Ernten. Da die Weltbevölkerung auch weiterhin wachsen wird und die Kaufkraft in diesen »Schwellenländern« ebenso steigen wird, wird auch die Nachfrage nach Getreide explodieren. Wir bewegen uns auf eine strukturelle Veränderung zu, die der ökologische Vordenker Lester Brown auf den Punkt bringt: »Wenn die Chinesen eines Tages genauso viel Fleisch verzehren wie die Amerikaner, werden sie allein 50 Prozent allen Getreides der Welt absorbieren.«[109]

Drittens: Ein Teil der Nahrungsmittelerzeugung wie etwa Zuckerrohr, Sonnenblumen, Raps, Getreide oder Rüben ist neuerdings für die Erzeugung von Biokraftstoffen bestimmt. Diese hierfür festgelegten Böden liefern somit keine Nahrung für Menschen mehr. Und das wird sich verschlimmern. Die Europäische Union hat entschieden, dass bis 2020 zehn Prozent der verbrauchten Treibstoffe Biokraftstoffe sein müssen, und Barack Obama verlangt gar einen Anteil von 15 Prozent bis zum Jahr 2017 – mit dem Ergebnis, dass Länder wie Senegal oder Indonesien sich entschieden haben, mehr Biokraftstoffe als Nahrungsmittel zu erzeugen. Der Weltwährungsfonds, der zum Teil für diese Situation verantwortlich ist, bestätigt, dass schon jetzt zwischen 20 und 50 Prozent der weltweiten Ernte von Mais und Raps in die Herstellung von Kraftstoffen fließen.

Schließlich führte, viertens, der im Zeichen des Klimawandels explodierende Preis für Rohöl zur Erhöhung der Transportkosten und verteuerte infolgedessen zusätzlich die Kosten von Nahrungsmitteln.

Um die Finanzkrise zu bewältigen, haben Zentralbanken, Regierungen und große Finanzinstitute ohne Zögern Hunderte Milliarden von Euro schnellstmöglich umgeleitet, aber um die Ernährungskrise zu verringern, bleibt die dafür notwendige internationale Mobilisierung zaghaft. Wenn es in den Augen der Anhänger der neoliberalen Ordnung als unabdingbar erscheint, die Banken und das Finanzsystem zu retten, dann erscheint es ihnen offensichtlich weniger dringend, Millionen von Menschenleben zu retten. Die Krise dient sogar als Vorwand, um die Entwicklungshilfe zu kürzen. Donald Kaberuka, Präsident der Afrikanischen Entwicklungsbank, sieht voraus: »Wir gehen auf düstere Jahre zu, wenn es dazu kommen sollte, dass Entwicklungshilfe als eine nicht vorrangige Ausgabe betrachtet würde.«[110]

Die reichen Länder haben sich schon seit langem verpflichtet, 0,7 Prozent ihres Bruttoinlandsprodukts der Hilfe für arme Länder vorzubehalten. Es finden sich aber nur wenige Länder, die diese Zusage gehalten haben. Die gesamte Entwicklungshilfe ist im Jahr 2007 sogar um 8,4 Prozent gesunken. Die landwirtschaftliche Hilfe für die Länder der südlichen Halbkugel ist im Verlauf der beiden letzten Jahrzehnte sogar um 50 Prozent verringert worden! Wie kann es da noch verwundern, dass es immer häufiger zu Aufständen kommt? Worauf warten wir noch, bis wir endlich einen großen weltumspannenden Fonds gegen den Hunger schaffen?

SOZIALLIBERALISMUS

Trotz so vieler dringlicher Probleme ist die Linke, besonders in Frankreich, nicht in der Lage, die Allgemeinheit für sich einzunehmen. Aber die sozialen Gegebenheiten verschlechtern sich weiter. Pierre Ruscassie sagt dazu: »1980 entfielen in Frankreich von der Mehrwertsteuer 69 Prozent auf Gehälter und 31 Prozent auf Gewinne. Um den Anteil der Gehälter am Mehrwertsteueraufkommen zu verringern und den Preisauftrieb zu bremsen, mit dem die Arbeitgeber auf den zeitweiligen Anstieg der Gehälter reagierten, hat die zur reinen Lehre konvertierte politische Führung die Produktionszuwächse ausschließlich den Gewinnen zugutekommen lassen. [...] Diese Politik der Arbeitslosigkeit, der sozialen Gefährdung und der Verringerung der öffentlichen Ausgaben hat wachsendes Elend zur Folge, ungeheure soziale Kosten und inzwischen einen bedeutenden Tiefstand der Gehälter, die wieder beim Stand von 1960 angelangt sind: 1995 machte er nicht mehr als 60 Prozent der Mehrwertsteuer ohne übrige Steuern aus, während die Gewinne auf 40 Prozent stiegen.«[111]

Angesichts dieser schockierenden Daten erweckte die Linke den Eindruck, aufgeschmissen zu sein, mit einem in Auflösung befindlichen Parteiapparat, ohne Organisation oder wirkliches Programm, ohne eine Theorie, ohne einen Kompass und ohne Identität.

Die große Revolte der französischen Eisenbahner im November und Dezember 1995, die von der Mehrheit der Angestellten und einigen Intellektuellen, vor allem von Pierre Bourdieu, unterstützt wurde, hatte dennoch gezeigt, dass sich die Franzosen der Gefahren bewusst waren, die die Globalisierung auf ihr soziales Modell ausübte.

Doch jede Wahl zeigte aufs Neue, dass die französische Linke keine Vorstellung hatte, wie sie die Millionen Wähler ansprechen sollte, die zu Opfern einer brutalen postindustriellen Welt, hervorgerufen durch die liberale Globalisierung, geworden waren. Sie schien unfähig, dieses »Leid der Unterschicht Frankreichs« zu spüren, um einen Ausdruck des Journalisten Daniel Mermet zu verwenden: Massen von Wegwerf-Arbeitern, von Deklassierten aus den Vororten, von Langzeitarbeitslosen und Sozialhilfebeziehern vergleichbar den Hartz-IV-Empfängern in Deutschland, von Ausgestoßenen, von Frührentnern, die noch in der Blüte ihrer Jahre standen, von jungen Angehörigen des Prekariats, von Familien aus bescheidenen Verhältnissen, die von Armut bedroht waren; allesamt Menschen, die zu Opfern des marktradikalen Schocks geworden waren, und die sich zurzeit vor den Folgen der Krise von 2008/09 ängstigen.

Die Linke lebt heute ideologisch von der Hand in den Mund, getrieben von dem Drang, nur die vordringlichsten

Probleme anzugehen, ohne klare Marschroute und theoretisches Fundament. Sie schafft es nicht einmal, sich auf einige Theorien des Verzichts zu berufen, etwa auf *Der dritte Weg. Die Erneuerung der sozialen Demokratie* von Anthony Giddens, dem früheren Berater von Tony Blair, oder *Aufbruch: Die Politik der neuen Mitte* von Bodo Hombach, dem langjährigen Berater von Gerhard Schröder.

Die Linke, die in mehreren großen europäischen Ländern regiert – in Großbritannien, Spanien und Portugal –, befürwortete die Privatisierungen ebenso wie die Verringerung des Staatshaushalts und die Zerschlagung des öffentlichen Sektors, um die Konzentrationen und Fusionen riesiger Unternehmen zu fördern. Sie hat sich ohne Bedenken dem Marktliberalismus zugewandt und räumt seitdem Zielen wie etwa der Vollbeschäftigung, der Verteidigung sozialer Errungenschaften, der Wiederbelebung öffentlicher Dienste oder der Beseitigung des Elends, um auf die Not von heute in der Europäischen Union lebenden 18 Millionen Arbeitslosen und 40 Millionen Armen zu reagieren, keine Priorität mehr ein.

Gibt es zwischen den Enttäuschungen des sozialistischen Traums und den Trümmern der aufgelösten Strukturen unserer Gesellschaften, wie sie die neoliberale Barbarei hinterlassen hat, noch Raum für eine neue soziale Utopie? Zahlreiche Bürger würden es begrüßen, wenn die Linke wieder zu sich fände und überzeugende Ideen entwickelte, um der neoliberalen Maschinerie Einhalt zu gebieten. Mit der zunehmenden sozialen Wut infolge der gegenwärtigen Krise machten die Beschäftigten in mehreren Ländern mobil, nicht nur in Griechenland. Überall war der Wunsch nach gemeinsamem Handeln zu spüren. Jeder sah die Notwendigkeit, die Gemeinschaft wieder zur gestaltenden Kraft der Zukunft einzusetzen.[112] Die einzig akzeptable Zukunft ist eine, deren Hauptsorge der sozialen Frage gilt.

Die längst vergessene soziale Frage rückt also dank der weltweiten Finanzkrise in zahlreichen Ländern wieder in den Mittelpunkt der politischen Debatte. Im internationalen Maßstab bleiben die Armut die Regel und der Wohlstand die Ausnahme. Die Ungleichheiten haben sich zu einem strukturellen Charakteristikum der neoliberalen Ära entwickelt. Sie verschärfen sich und machen den Gegensatz zwischen Arm und Reich immer größer. Die 225 größten Vermögen der Welt repräsentieren eine Gesamtsumme von mehr als 1000 Milliarden Euro, was dem jährlichen Einkommen von 47 Prozent der ärmsten Menschen der Weltbevölkerung entspricht – 2,5 Milliarden Personen! Einzelne Individuen sind reicher als ganze Staaten.

In mehreren Ländern wie Somalia, Pakistan, Irak oder dem Kongo entwickeln sich chaotische und unregierbare Gebilde, die keinerlei Rechtsstaatlichkeit aufweisen und die jeweilige Gesellschaft in einen Zustand der Gewalt stürzen. Die Gewalt siegt über das Gesetz. Das liefert neben dem »Kampf gegen den Terrorismus« den Vereinigten Staaten und ihren Verbündeten einen neuen Vorwand dafür, weitere militärische Interventionen durchzuführen.

Gegen die Rückkehr des gewalttätigen Staates und gegen den Skandal der Ungleichheit in zahlreichen Ländern haben die Bürger ihren Widerstand verstärkt. Die Protestierenden sind davon überzeugt, dass das Ziel der liberalen Globalisierung die Zerstörung von Gemeinschaften sowie die Aneignung der öffentlichen und sozialen Bereiche durch den Markt und den privaten Sektor ist. Sie haben sich entschlossen, dagegen zu demonstrieren. Sie bekräftigen die Überwindung einer Gesellschaft des Geldes, des Profits und der Egoismen und sie fordern stattdessen eine Alternative zur vollständigen Vermarktung der Welt. Sie wollen die Macht nicht mit Gewalt erobern, sondern vielmehr eine neue Selbstbestimmung schaffen, indem sie konkrete Solidarität verstärken. So fordern sie beispielsweise den kostenfreien Zugang zu Gütern des »Allgemeinwohls« wie Trinkwasser, Elektrizität, öffentliche Verkehrsmittel, Gesundheit und Bildung.

Wenn Kämpfe wie die der Zapatisten in der mexikanischen Provinz Chiapas oder der »Landlosen« in Brasilien ein derart großes Interesse hervorrufen, so liegt das daran, dass sie dem Gedanken der Gemeinschaft zu neuer Anerkennung verhelfen, einer Gemeinschaft ohne Zwang. Diese Kämpfer geben uns ein Gefühl der Solidarität, des Anstands und der Teilhabe zurück. Ihre führenden Kräfte suchen nach Initiativen, um den Privatvertrag wieder gegen den Gesellschaftsvertrag zu tauschen, und weigern sich doch, zuzugeben, dass sich ein neuer Zyklus von gewalttätigen Revolutionen durchsetzt – wie etwa die des 19. und 20. Jahrhunderts –, um der Dampfwalze der neoliberalen Globalisierung Einhalt zu gebieten.

Können die demokratischen Gesellschaften das Unerträgliche noch lange ertragen? Es besteht dringender Handlungsbedarf, die verhängnisvollen Bewegungen der Kapitalströme nach Kräften zu verhindern: durch die Beseitigung von »Steuerparadiesen«, durch eine höhere Besteuerung von Kapitalerträgen, durch Besteuerung von Devisentransaktionen (Tobin-Steuer) sowie durch eine allgemeine Einführung von Steuern auf Finanztransaktionen.

Selbst die »neuen Herren der Welt«, die sich alljährlich in Davos versammeln, haben vor kurzem erklärt, dass »ernsthaft überlegt werde, die Normen und Prozeduren, unter denen sich die Globalisierung abspielt, auf demokratische Art und Weise zu verändern«.

Die Praxis neoliberaler Politik zeigt sich beispielsweise auch in einem spektakulären Anstieg von Arbeitsunfällen. Ein von der Welthandelsorganisation WTO veröffentlichter Bericht, der von den großen Medien bisher verschwiegen wurde, enthüllt, dass alljährlich weltweit 270 Millionen Beschäftigte Arbeitsunfälle erleiden und sich 160 Millionen Berufskrankheiten zuziehen.[113] Die Studie enthüllt, dass die Zahl der Arbeiter, die bei der Ausübung ihres Berufs sterben, pro Jahr bei mehr als zwei Millionen liegt. An jedem Tag also tötet die Arbeit 5000 Menschen. »Und diese Zahlen, so lässt der Bericht durchblicken, liegen noch unter dem tatsächlichen Wert.«[114]

In Frankreich werden nach Angaben der nationalen Krankenversicherung (CNAM) jährlich etwa 780 abhängig Beschäftigte durch ihre Arbeit getötet. Auch hier sind »die Zahlen wieder niedrig geschätzt«[115]. Es ereignen sich ungefähr 1,35 Millionen Arbeitsunfälle, was 3700 Opfern pro Tag entspricht, bei einem Achtstundentag also acht Verletzte pro Minute. Früher nannte man dieses stumme Leiden »Blutsteuer«[116].

Während die Mittelklassen verarmt sind, konzentriert sich an der Spitze der Einkommenspyramide der Reichtum. Vor 30 Jahren verdiente eine Führungskraft in der Wirtschaft ungefähr vierzigmal so viel wie der durchschnittliche Arbeiter. Im Jahr 2002 verdienten Spitzenkräfte tausendmal so viel.[117]

In Frankreich hält man es für normal, dass jeden Tag zwei Beschäftigte ihr Leben bei der Arbeit verlieren und dass acht weitere pro Minute zum Wohl der Unternehmen geopfert werden. Aber weder sie noch das Kapital erhalten etwas aus den Rentenfonds der Angestellten. Wie sollte man da die Wut der Arbeiter nicht verstehen?

NEUE WIRTSCHAFT, NEUE GEOPOLITIK

NIEDERGANG DER VEREINIGTEN STAATEN?

Wir erleben einen historischen Augenblick. Vor unseren Augen bricht nicht nur ein Wirtschaftsmodell zusammen, sondern zugleich ein Regierungsstil, was den Anspruch auf *Leadership* Amerikas in der Welt und besonders dessen wirtschaftliche Hegemonie verändern wird. Die Finanzen der Vereinigten Staaten hängen von dem weiteren starken Zustrom ausländischen Kapitals ab. Die Länder, aus denen dieses Geld stammt – China, Russland, die Petro-Monarchien am Golf –, könnten von nun an deutlich die Geschicke der USA beeinflussen.

2006 haben China und der Nahe Osten zu gleichen Teilen 86 Prozent der Haushaltsdefizite der großen Industriestaaten finanziert. Man schätzt, dass der chinesische Devisenüberschuss im Jahr 2013 bedeutender sein könnte als alle Staatsdefizite der westlichen Industrieländer zusammen. Schon jetzt ist China im Begriff, Japan zu überholen, was den Besitz von amerikanischen Staatspapieren betrifft.[118] Das weist Peking eine entscheidende Rolle bei der zukünftigen Stabilität des internationalen Finanzsystems zu. Was wird China dafür als Gegenleistung verlangen? Konzessionen etwa bei Vorgängen wie in Taiwan oder Tibet?

Die Geschichte lehrt uns, dass der wirtschaftliche Niedergang immer den Beginn des Niedergangs von ganzen Reichen ankündigt.[119] Wird es die schon jetzt geschwächte Wirtschaft der Vereinigten Staaten auch weiterhin schaffen, die astronomischen Ausgaben für den Krieg im Irak zu schultern? Erinnert sei daran, dass die ungeheuren Kosten des Vietnamkonflikts Präsident Richard Nixon dazu brachten, der Inflation freien Lauf zu lassen und die Goldparität des US-Dollars aufzuheben, was das Ende des Abkommens von Bretton Woods bedeutete.

Der Irakkrieg hat schon jetzt aufgrund der enormen Investitionen, die er erfordert, einen Transfer von Reichtümern aus den Vereinigten Staaten hin zu anderen Mächten ausgelöst. Der Einfluss unabhängiger Fonds sowie Chinas ist gewachsen. Die gegenwärtige Krise verstärkt diese Bewegung noch und festigt eine grundlegende Neuausrichtung: Die Schwerkraft der Welt verlagert sich nach Asien, mit ungeheuren Konsequenzen, wie der britische Essayist John N. Gray bemerkt: »Wenn sich die Vereinigten Staaten aus dem Irak zurückziehen, wird der Iran als regionaler Sieger auf der Weltbühne erscheinen. Wie wird Saudi-Arabien reagieren? Wird dann die Wahrscheinlichkeit einer militärischen Aktion größer oder geringer, um zu verhindern, dass der Iran sich Atomwaffen zulegt?«[120]

Der Krieg in Georgien im Herbst 2008 zeigte, dass Russland die Landkarte des Südkaukasus verändern konnte, ohne dass Washington die Mittel gehabt hätte, etwas dagegen zu unternehmen.

Was die Innenpolitik betrifft, hat George W. Bush mit seiner verstärkten Deregulierungspolitik zur Überschuldung der Amerikaner und damit zur strukturellen Schwächung der amerikanischen Wirtschaft beigetragen, selbst wenn dies das weltweite Wachstum zunächst begünstigte, das jetzt allerdings aufgrund der Verarmung der Amerikaner verstärkt schrumpft. »Die Ausgaben der amerikanischen Haushalte stellen ein Viertel der weltweiten Nachfrage dar, und keine andere Region der Welt ist heute in der Lage, die Nachfolge dessen anzutreten«[121], so Agnès Benassy-Quéré. Unter Bushs Ägide hat sich das Haushaltsdefizit schneller vergrößert als jemals, und die Verschärfung der nationalen Verschuldung, die inzwischen 7700 Milliarden Euro erreicht hat, schwächt die Wirtschaft ebenfalls. Es ist also die gesamte Wirtschafts- und Sozialpolitik der Jahre der Präsidentschaft George W. Bushs, die so katastrophal erscheint.

Ein weiterer Vorwurf, den die Amerikaner Bush machen, betrifft die sozialen Ungleichheiten, die sich in den acht Jahren seiner Regierungszeit enorm vergrößerten. 2006 beispielsweise waren die reichsten Amerikaner, ein Prozent der Bevölkerung, nach offiziellen Statistiken der US-Administration im Besitz von 22 Prozent des gesamten Vermögens, was der in den Vereinigten Staaten höchste je registrierte Wert seit 1929 ist. Während das Durchschnittseinkommen des Mittelstands seit den achtziger Jahren nur um sechs Prozent gestiegen war, strich das oberste eine Prozent der reichsten Bevölkerung der Welt im Verlauf dieser 26 Jahre 229 Prozent mehr ein![122]

BARACK OBAMA

Kann sich das mit der Präsidentschaft Barack Obamas ändern? Seine einzigartige Biografie, seine elegante Erscheinung, seine außergewöhnlichen Rednerqualitäten und seine Gaben als charismatische Führungspersönlichkeit haben ihn in kurzer Zeit zum Polit-Star gemacht, den die öffentliche Meinung der ganzen Welt bewundert. Zum ersten Mal ist ein Präsident der Vereinigten Staaten in Regionen populär wie etwa der arabisch-muslimischen Welt, im Afrika südlich der Sahara und in Lateinamerika. In Regionen also, in denen historisch begründet *Uncle Sam* üblicherweise beargwöhnt wird. Innerhalb wie außerhalb der Vereinigten Staaten haben auch zahlreiche Intellektuelle, die dem Land in der Regel kritisch gegenüberstehen, seine Wahl gefeiert.

Nelson Mandela, der erste schwarze Präsident Südafrikas, erklärte in seinem Glückwunschtelegramm: »Wir sind überzeugt, dass es Ihnen schließlich gelingen wird, unseren Traum zu verwirklichen, die Vereinigten Staaten von Amerika zu einem vollwertigen Partner in einer Völkergemeinschaft zu machen, die sich dem Frieden und dem Wohlstand für alle verschreibt.«[123]

Derart große Hoffnungen können nur enttäuscht werden. Fidel Castro schlug vor, die Erwartungen zu mäßigen, schließlich könne er sich auf seine Erfahrung berufen, bereits zehn US-Präsidenten kennengelernt zu haben: »Es wäre überaus naiv, zu glauben, dass die guten Absichten einer intelligenten Person das ändern könnten, was Jahrhunderte von Interessenpolitik und Egoismus geschaffen haben. Die Geschichte der Menschheit zeigt, dass es nicht so ist.«[124]

Das Schwierigste bleibt für Obama noch zu tun. Zunächst einmal, weil seine Amtszeit inmitten des schlimmsten Crashs seit einem Jahrhundert begann. Die Amerikaner erwarten von ihm, dass er sie aus dieser schwierigen Lage befreit, diesem Durcheinander von Immobilien-, Banken- und Börsen-Krisen, in die die Regierung Bush sie gestürzt hat. Flehentliche Appelle erreichen ihn, den Zusammenbruch der Automobilindustrie abzuwenden und die *Big Three* (Ford, General Motors, Chrysler) zu retten. Millionen von Arbeitsplätzen sollen erhalten bleiben.

Er selbst hat versprochen, eine allgemeine Krankenversicherung einzuführen, die jene rund 46 Millionen Amerikaner, die keinerlei soziale Absicherung haben, verzweifelt ersehnen. Ganz zu schweigen von der Herkulesarbeit, die sein Projekt des *Green New Deal* darstellt: ein ehrgeiziges Programm zur Entwicklung neuer grüner Technologien, um damit die Abhängigkeit vom Erdöl zu beenden und den Gebrauch fossiler Energien überflüssig zu machen – wie um das Jahr 1880 herum die Elektrizität die Kohle und die Dampfmaschine ablöste.

All das lässt sich nicht von heute auf morgen bewältigen. Es wird enorme Kosten verursachen, und kurzfristig wird kein Nutzen ersichtlich sein. Darüber hinaus wirkt die ökonomische Beratermannschaft, die der neue Präsident um sich versammelt hat und in der man Ultraliberale wiederfindet, nicht gerade beruhigend für die Menschen. Darunter finden sich Leute, die zum Teil für die gegenwärtige Krise verantwortlich sind wie etwa Robert Rubin, Laurence Summers oder Timothy Geithner.

Es hat übrigens den deutlichen Anschein, dass die Obama-Regierung Mitte-rechts sein wird, das heißt *mehr rechts* als der Kongress, was zwischen Legislative und Exekutive weit stärkere Spannungen erahnen lässt als vorhergesehen. Besonders den neu gewählten Demokraten wird es nicht an Gelegenheiten mangeln, die Ungeduld ihrer Wähler zum Ausdruck zu bringen, die durch die Krise hart getroffen wurden. Die Bürger zeigen sich von den massiven Hilfsgeldern des Staates an Banker höchst irritiert, denn deren Gehälter und Prämien sorgen auch weiterhin für Skandale.

Was die Außenpolitik betrifft, erwartet den neuen Präsidenten ebenfalls keine leichte Aufgabe. Auch auf diesem Gebiet scheint die Mannschaft, die er für seine Regierungszeit um sich versammelt hat, darunter beispielsweise Hillary Clinton, Robert Gates und General James Jones, sehr konservativ zu sein. Man traut dieser Truppe kaum zu, jene Visionen einer echten Veränderung Wirklichkeit werden zu lassen, die Obama während des Präsidentschaftswahlkampfs unters Volk brachte. Kurzum, die Begeisterung vom 4. November 2008 könnte sich sehr schnell in Enttäuschung, Frustration und Wut verwandeln.

SUPERMACHT CHINA

Nun besteht auch die Gefahr, dass die Tage der Vereinigten Staaten als weltweit führende Wirtschaftsmacht aufgrund des Aufstiegs Chinas gezählt sind.

Wenn das neoliberale Modell im Verlauf der letzten drei Jahrzehnte so wenige Proteste auslöste, so liegt das zum Teil auch daran, dass es so schnell von China übernommen wurde, einem offiziell immer noch kommunistischen Staat. Dieses Land, ein Bevölkerungsriese mit 1,35 Milliarden Einwohnern, hat seine große Wirtschaftsreform nach dem Tod Mao Zedongs 1976 und vor allem nach 1978 in Angriff genommen, als Deng Xiaoping die Macht übernahm. Dies geschah praktisch im selben Augenblick, da Margaret Thatcher in Großbritannien und Ronald Reagan in den Vereinigten Staaten das neoliberale Modell einführten.

Das chinesische Entwicklungskonzept gründete auf dem Überfluss an fügsamen Arbeitskräften, auf niedrigen Löhnen, auf der enormen Zunahme der Zahl von Industrieanlagen, die von ausländischen Firmen installiert worden waren, auf dem Export großer Mengen äußerst preiswerter Produkte und auf dem Zustrom von Investitionen in Form von Devisen. Dieses Konzept galt lange Zeit als »ziemlich primitiv« und bezeichnend für ein rückständiges Land, das von einer einzigen Partei mit eiserner Faust regiert wurde.

Im Lauf der achtziger Jahre hörte China, obwohl immer noch kommunistisch, nicht nur auf, in der Welt Angst zu verbreiten, sondern galt nun in der Euphorie der beginnenden Globalisierung für Hunderte von Firmen aus dem Westen und clevere Investoren als echter Glücksfall. Erstere hatten ihre Werke inzwischen nach China ausgelagert, nachdem sie Zehntausende von heimischen Angestellten auf die Straße gesetzt hatten.

In kurzer Zeit wurde das Reich der Mitte zu einer phänomenalen Exportmacht. Es verblüffte die Welt mit der Spitzenposition in der Gesamtexport-Statistik, vor allem bei Produkten wie Textilien, Schuhen, elektronischen Geräten und Spielzeugen. Die Produkte *made in China* überschwemmen inzwischen den gesamten Globus. Der Handelsüberschuss Pekings erreichte 2007 die Rekordsumme von 202

Milliarden Euro, ein Anstieg von 50 Prozent gegenüber dem Vorjahr. Vor allem eroberten die Chinesen den Markt der Vereinigten Staaten, was für diese ein gigantisches Ungleichgewicht zur Folge hat. Der Überschuss Chinas aus dem Handel mit den Vereinigten Staaten ist von 62 Milliarden Euro 2004 auf 85 Milliarden Euro 2005 gestiegen. Der chinesische Außenhandel erhöhte sich in einem *jährlichen* Rhythmus um durchschnittlich 30 Prozent, und das nur fünf Jahre nach der Aufnahme des Landes in die Welthandelsorganisation WTO im Jahr 2001.

Diese stürmischen Exportanstrengungen setzten ein spektakuläres Wachstum in Gang, das seit zwei Jahrzehnten jedes Jahr um mehr als neun Prozent zulegt! Für Millionen Haushalte brachte dieser »Marktkommunismus« eine Steigerung der realen Kaufkraft und des Lebensstandards mit sich.[125]

Mit dem gleichen Schwung bemüht sich der Staat jetzt im Eiltempo um eine Modernisierung des Landes. Inzwischen wurde überall im Land viel für den Ausbau der Infrastruktur getan: Es wurden Häfen, Flughäfen, Autobahnen, Bahnstrecken, Brücken, Staudämme, Wolkenkratzer, Stadien für die Olympischen Spiele von 2008 sowie Einrichtungen für die Weltausstellung in Shanghai 2010 gebaut.

Diese schwindelerregende Bautätigkeit und das neue Konsumfieber der chinesischen »Neureichen« haben der Wirtschaft eine neue Dimension hinzugefügt: Innerhalb sehr kurzer Zeit hat China als alles überschwemmende Exportmacht Angst und Schrecken verbreitet und ist gleichzeitig zu einem riesigen Importeur geworden, dessen unersättliche Gefräßigkeit nun ebenfalls den Westen beunruhigt. Peking ist heute der weltgrößte Importeur von Zement, Kohle, Stahl, Nickel und Aluminium und nach den Vereinigten Staaten der zweitgrößte Importeur von Erdöl. Auf den Weltmärkten haben diese massiven Rohstoffkäufe eine Explosion der Preise ausgelöst. China ist heute schon die drittgrößte Volkswirtschaft der Welt. Das Land hat die Bundesrepublik

Deutschland eingeholt, wird 2015 an Japan vorbeiziehen und dürfte nach den heutigen Wachstumskurven um 2040 auch die Vereinigten Staaten überflügeln.

Deng Xiaopings Losung »Bereichert euch!« ist aufs Wort befolgt worden. Die Zahl der Reichen wächst unaufhörlich. Schon heute liegt China an weltweit sechster Stelle, was die Zahl der Dollar-Millionäre betrifft; davon dürfte es um die 250 000 geben.

Die neoliberale Politik vergrößert jedoch auch die Kluft zwischen Arm und Reich. Die Ungleichheit im Lande gehört zu den am schnellsten wachsenden der Welt und teilt die Bevölkerung in Gewinner und Verlierer. Es gibt 700 Millionen Arme – 47 Prozent der chinesischen Gesamtbevölkerung! –, die mit weniger als zwei Euro pro Tag auskommen müssen. Davon sind 300 Millionen Menschen »sehr arm«, das heißt sie verfügen nur über etwa einen Euro pro Tag.

Das chinesische Wunder beruht in Wahrheit auf der Unterdrückung und der Ausbeutung der riesigen Armee von Arbeitern. Sie schuften oft zwischen 60 und 70 Stunden pro Woche und verdienen weniger als den Mindestlohn. Mehr als 15 000 Arbeiter sterben jährlich bei Arbeitsunfällen. Die sozialen Konflikte nehmen pro Jahr um 30 Prozent zu, ebenso die Zahl wilder Streiks, Revolten von Kleinbauern, und die skandalöse Kinderarbeit. Die unglücklichen Opfer dieser Ungerechtigkeit werden wie Sklaven gehalten.

DIE KLIMATISCHEN HERAUSFORDERUNGEN

Das von der gegenwärtigen Wirtschaftskrise hart getroffene China erlebt momentan einen Nettorückgang seiner Exporte. Das hat im Süden des Landes zu Werksschließungen geführt und schon jetzt zum Verlust von Zehntausenden von Arbeitsplätzen. Um die Binnennachfrage und die Wirtschaftstätigkeit anzuregen und zu stützen, gaben die Behörden Anfang 2008 einen wichtigen Plan zur Wiederankurbelung der Wirtschaft in Höhe von 450 Milliarden Euro für die kommenden zwei Jahre bekannt; ein Plan, der auf eine Abschwächung der weltweiten Nachfrage nach chinesischen Industrieprodukten – dem Motor der Entwicklung – traf sowie auf den Umstand, dass das Wachstum im dritten Quartal 2008 um neun Prozent zurückgegangen war, dem schwächsten Zuwachs seit fünf Jahren.

Zu dieser Besorgnis kommt noch die Gefahr einer ökologischen Katastrophe hinzu, die eine der dringendsten Herausforderungen darstellt. Vizeumweltminister Pan Yue hat den Umfang der Katastrophe benannt: »Fünf von zehn der am stärksten verschmutzten Städte der Welt liegen in China; auf ein Drittel unseres Territoriums fällt saurer Regen; die Hälfte des Wassers unserer sieben größten Flüsse ist unbrauchbar; ein Viertel unserer Bürger hat keinen Zugang zu Trinkwasser; ein Drittel der Stadtbevölkerungen atmet eine stark verschmutzte Luft; nur ein Fünftel des städtischen Abfalls wird auf ökologisch nachhaltige Weise entsorgt. Infolge der Verschmutzung von Luft und Wasser verschwenden wir 8 bis 15 Prozent des Gegenwerts unseres Bruttoinlandsprodukts. Das schließt nicht die gesundheitlichen Kosten mit ein. Allein in Peking haben 70 bis 80 Prozent der Krebsfälle etwas mit der Verschmutzung der Umwelt zu tun. Lungenkrebs ist zur wichtigsten Todesursache geworden.«[126]

Da China nicht über genügend Erdöl verfügt, um seinen gigantischen Bedarf zu befriedigen, ist das Land gezwungen, bis 2020 seine Kapazität zur Atomstromerzeugung zu verdoppeln und in den nächsten 16 Jahren durchschnittlich zwei Atomanlagen pro Jahr zu bauen. China ist schon heute der zweitschlimmste Verschmutzer des Planeten, ratifizierte aber trotzdem das Kyoto-Protokoll – und bläst weiterhin die meisten Treibhausgase in die Atmosphäre, was den Klimawandel nur noch mehr verschärft.

In dieser Hinsicht ist China ein Beispiel wie aus dem Lehrbuch und nimmt die Frage vorweg, die sich künftig auch für andere »Riesen des Südens« – Indien, Brasilien, Mexiko, Ägypten, Nigeria, Südafrika, Indonesien, Pakistan etc. – stellt: Wie soll man Milliarden von Menschen aus dem Elend der Unterentwicklung befreien, ohne sie in ein neoliberales Modell zu stürzen, in dem es nur um Produktivität geht und das für den Planeten und die Menschheit verhängnisvolle Folgen hat?

PERSPEKTIVEN

Zahlreiche Regierungen, die wegen der Krise in Panik gerieten, werfen jetzt ihre neoliberalen Überzeugungen über Bord. Einige treiben plötzlich die Beseitigung von Steueroasen voran. Die meisten entdecken nun Keynes wieder und kündigen bedeutende Steigerungen der öffentlichen Ausgaben an. Der Internationale Währungsfonds verleugnet seine eigene Doktrin und fordert massive öffentliche Hilfsmaßnahmen.

Der Kapitalismus, wie er von den Industrieländern aufgrund seiner größtmöglichen Profitaussichten geschaffen wurde, ist harter Kritik unterworfen. Es wäre unanständig, wenn eben jene Staaten, die im Verband der G20 vertreten sind, nun ein neues Wirtschaftssystem »neu gründen«, um ein weiteres Mal ihre Interessen und ihre Herrschaft zu bewahren. Beim G20-Gipfel in Washington am 15. November 2008 verbargen die Vertreter von Staaten der südlichen Halbkugel wie China, Indien, Südafrika, Brasilien, Argentinien und Mexiko kaum ihre Entrüstung darüber, dass in erster Linie ihre Länder die Konsequenzen der schlecht regulierten amerikanischen Wirtschaft tragen sollten. Einige hatten erleben müssen, wie ihre Bemühungen, die Armut zu verringern, im Laufe von nur zwei Monaten zunichtegemacht wurden.

Dieser erste große internationale Gipfel (der zweite wurde am 2. April 2009 in London abgehalten), mit dem versucht werden sollte, die ernste Wirtschaftskrise im Keim zu ersticken und »den Kapitalismus neu zu erfinden«, wurde nicht von den Vereinten Nationen einberufen, der einzigen legitimen internationalen Instanz, die dazu berechtigt gewesen wäre, sondern vom scheidenden Präsidenten der Vereinigten Staaten, George W. Bush, der gerade seine zweite unheilvolle Amtszeit beendete.

Dies zeugt von der zunehmenden Bedeutungslosigkeit der Vereinten Nationen. Ihr Generalsekretär Ban Ki-moon hatte gleichwohl vorgeschlagen, dass sich ein erweiterter G8-Gipfel mit der gleichen Aufgabe vor Ende des Jahres 2008 am Sitz der Vereinten Nationen in New York befassen solle. Seine Forderung blieb jedoch ohne Reaktion.

Dies ist ein zusätzlicher und signifikanter Beweis für die Veränderungen, die sich im Verlauf der letzten Jahrzehnte ergeben haben. Die Vereinten Nationen spielen in der Frage einer »Weltregierung« und ob diese durch Zusammenkünfte von Staaten ersetzt werden kann, eine immer unbedeutendere Rolle. Der Grund dafür ist die eigenmächtige Legitimation der G8-Staaten, die sich anmaßen, die Welt ohne jede internationale Abstimmung zu führen, allein weil sie das Recht des Stärkeren auf ihrer Seite haben.

Die gegenwärtige Krise bietet dennoch, allein schon durch ihr Ausmaß und ihre Intensität, die Gelegenheit, die geoökonomische und geopolitische Architektur der Welt endlich zu verändern. Aber nicht allein mit Worten, wie es bei jeder neuen Krise geschieht. »Wir sind gekommen, um zu sagen, dass wir eine neue Welt erschaffen wollen, die Welt des 21. Jahrhunderts.« So erklärte es beispielsweise Nicolas Sarkozy, dessen ultraliberales Temperament beim G20-Gipfel in Washington nicht zum Vorschein kam. Er fuhr fort: »Diese Krise kann eine Gelegenheit sein, wenn wir nicht in die abstoßenden Verhaltensmuster der Vergangenheit zurückfallen, die uns dahin geführt haben, wo wir uns jetzt befinden.« Sarkozy zögerte auch nicht, die Hedgefonds, die Steueroasen sowie die Finanzinstitutionen, die immer noch keiner wie auch immer gearteten Kontrolle unterliegen, zu brandmarken.

Die Krise ist ein großes Unglück, aber als eine Art Hebel kann sie auch eine historische Gelegenheit bieten, eine neue Welt, einen vor weiteren Börsencrashs mit all ihren sozialen Konsequenzen geschützten Planeten, entstehen zu lassen. Doch dafür genügt ein G20-Gipfel nicht.

Diese Art »Erneuerungsgipfel« hat nur dann Sinn, wenn sich auch jene Bürger darin vertreten fühlen, die den »unüberwindlichen Horizont« des Neoliberalismus ablehnen. Die mächtige soziale Bewegung, die sich seit der Gründung von Attac (1998), der Schlacht von Seattle (1999) und der Gründung des Weltsozialforums (2001) auf der ganzen Welt bemerkbar macht, hat dabei ein Wörtchen mitzureden, ebenso wie die Hauptopfer der Krise, die Bürger, ihre Verbände, die Nichtregierungsorganisationen und die Gewerkschaften. Sie haben Lösungen dafür parat, wie etwa die Entwaffnung der Finanzmacht zu einem wichtigen Anliegen der Bürger gemacht werden kann. Kapital und Markt haben seit fast 30 Jahren immerzu wiederholt, dass sie diejenigen seien, die Geschichte machten und das Glück der Menschen bestimmten – und nicht die Menschen selbst. Man muss sie jetzt daran erinnern, dass es keineswegs nur die Ökonomie ist, die weltweit auftritt. Der Schutz der Umwelt, die Entwicklungshilfe, die Notwendigkeit sozialer Gerechtigkeit und die Sorge um die Menschenrechte sind ebenfalls weltweite Anliegen, und es ist die Aufgabe aller Bürger, sie endlich in Angriff zu nehmen.

Um ein neues Wirtschaftssystem zu gründen, genügt es nicht, die Banken besser zu kontrollieren, den Derivatmärkten enge Grenzen zu setzen, die Steuerparadiese zu bekämpfen, die Vergütungen der *trader* zu überwachen und den übertriebenen Boni ein Ende zu machen, die großen Rating-Agenturen zu reformieren, die Buchungsnormen zu verändern, spekulative Fonds zu regulieren, für Spekulationen weniger Kredite zu vergeben, die Bündelung von Krediten zu Derivaten zu begrenzen, die Hedgefonds zu verbieten oder die Wirtschaft durch öffentliche Ausgaben wieder in Schwung zu bringen – alles wünschenswerte Maßnahmen. Vor allem ist es nötig, den Bürgern eine größere Kontrolle über die öffentlichen Mittel der Staaten und über die ökonomischen Entscheidungen in die Hand zu geben, die ihr Leben betreffen. Es müssen internationale Finanzorganisationen geschaffen werden, die den Bedürfnissen der Menschen Vorrang einräumen, die die Gesamtheit der Menschenrechte, die soziale Gerechtigkeit und eine ökologisch nachhaltige Umwelt achten und verteidigen. Man muss den Menschen anständige Beschäftigungen und grundlegende kostenlose oder subventionierte öffentliche Güter bieten wie etwa im Gesundheitswesen, bei der Bildung, der Kultur, beim Wohnen, bei der Verkehrsinfrastruktur, beim Zugang zu Trinkwasser und zu einer sauberen und erneuerbaren Energie.

Damit wird endlich eine gerechte und demokratische Wirtschaftsform erreicht sein. Indem man das, was zerstört wurde, durch etwas anderes ersetzt, wird die wildeste und verrückteste Etappe des neoliberalen Kapitalismus wirklich zu Ende gehen.

ANHANG

ANMERKUNGEN

1 Zitiert nach: Pierre Bezbakh/Sophie Gherardi, *Dictionnaire de l'économie*, Paris 2000.

2 Alain Minc in: France Inter, 23. September 2008. Siehe unter: www.dailymotion.com/video

3 »Le Monde en 2009«, in: *Courier International – The Economist*, Dezember 2008.

4 Paul Ariès, »Leur récession n'est pas nôtre croissance …«, in: *La Décroissance*, Oktober 2008.

5 Vgl. *L'Humanité*, 11. Dezember 2008.

6 Mit diesen Worten wird ein Universitätsprofessor zitiert. In: *El País*, 10. Dezember 2008.

7 Ebd., 30. November 2008.

8 Zitiert nach: Franck Dedieu/Béatrice Mathieu, »Entretien avec Emmanuel Todd«, in: *L'Expansion*, November 2008.

9 Zitiert nach: Antoine Reverchon, »Entretien avec Immanuel Wallerstein«, in: *Le Monde*, 12. Oktober 2008.

10 *Alternatives économiques*, November 2008.

11 *Dépêche Europa Press*, 9. Oktober 2008.

12 Vgl. das Interview mit Éric Chaney, in: *Les Échos*, 10. Oktober 2008.

13 Vgl. *Le Nouvel Observateur*, 16. Oktober 2008.

14 »Systemic Banking Crises: a New Database«, Ver-

öffentlichung des Internationalen Währungsfonds, September 2008.

15 Vgl. *Le Nouvel Observateur*, 16. Oktober 2008.

16 Das NBER präzisierte, dass eine Rezession per Definition »ein bedeutender Einbruch der gesamten Wirtschaftstätigkeit ist, der sich in allen Sektoren auswirkt und einige Monate andauert, was sich üblicherweise in der Produktion, der Beschäftigung, den realen Erlösen und anderen Indikatoren niederschlägt«. Die für gewöhnlich verwendete Bestimmung einer Rezession ist ein über drei aufeinanderfolgende Quartale festgestellter Rückgang des Bruttoinlandsprodukts.

17 AFP-Meldung, 5. Dezember 2008.

18 Vgl. *Le Figaro*, 12. November 2008.

19 Vgl. *El País*, 5. Dezember 2008.

20 *Le Monde*, 8. November 2008.

21 Vgl. *Le Point*, 10. Dezember 2008.

22 Vgl. *El País*, 15. Oktober 2008.

23 *Le Journal du dimanche*, 12. Oktober 2008.

24 Vgl. *Le Point*, 26. Oktober 2008.

25 Vgl. RIA-Nowosti-Meldung, 1. Dezember 2008.

26 AFP-Meldung, 22. Oktober 2008.

27 Das Entwicklungsprogramm der Vereinten Nationen (United Nations Development Programme, UNDP), wie es im UN-Jahresbericht von 1998 enthalten ist, schätzte, dass 40 Milliarden Dollar genügen würden, um die drängendste Armut in der Welt zu beseitigen.

28 *The Financial Times*, 23. September 2008.

29 Der »Preis für Wirtschaftswissenschaften der schwedischen Reichsbank in Gedenken an Alfred

Nobel«, den man allgemein den »Wirtschaftsnobelpreis« nennt, da er nach denselben Kriterien wie die eigentlichen Nobelpreise verliehen wird, ist der renommierteste Preis in den Wirtschaftswissenschaften. Er war im Testament von Alfred Nobel nicht vorgesehen, sondern wird erst seit 1969 jährlich von der Königlich-Schwedischen Akademie der Wissenschaften vergeben.

30 Alle Zitate von Milton Friedman in: Milton Friedman, *Kapitalismus und Freiheit*, Stuttgart 1971.

31 Vgl. Naomi Klein, *Die Schock-Strategie. Der Aufstieg des Katastrophen-Kapitalismus*, Frankfurt am Main 2007.

32 Zurück in Chicago, richtete Friedman nach dieser Begegnung einen langen Brief an Pinochet, der auf den 21. April 1975 datiert ist. Darin beschreibt er das »Schockprogramm«, das die chilenische Administration ergreifen müsste, um die Inflation zu reduzieren und die Wirtschaft zu liberalisieren. Nachzulesen ist dieser Brief in der Autobiografie von Milton und Rose Friedman, *Two Lucky People*, Chicago 1998.

33 »Chile ist das einzige Land der Welt, das während eines Zeitraums von etwas mehr als einem Vierteljahrhundert die vollständige Privatisierung seines Rentenversicherungssystems erlebt hat. Aus diesem Grund erweckt es den Anschein eines Laboratoriums. Direkt von den Theorien Milton Friedmans inspiriert und von Pinochet autoritär durchgesetzt, wurde die Reform bereits 1980 in Kraft gesetzt, und zwar ohne jede Mitsprache seitens des Parlaments oder der Opposition […] Am 30. Oktober 2008 veröffentlichte die Führungsspitze der chilenischen Rentenversicherung die Verlustzahlen der Pensionsfonds […] Mehr als die Hälfte der Empfänger sind

betroffen.« Manuel Riesco, »Séisme sur les retraites en Argentine et au Chili«, in: *Le Monde diplomatique*, Dezember 2008.

34 »Mi preferencia personal se inclina a una dictadura liberal y no a un gobierno democrático donde todo liberalismo esté ausente«, in: *El Mercurio*, 12. April 1981.

35 Friedrich von Hayek, *The Road to Serfdom*, London 1944 (Dt.: *Der Weg zur Knechtschaft*, o. O. 1945).

36 Zitiert nach: Bernard Dorval, »Hayek et Pinochet. Ultralibéralisme et terreur politique«, 16. September 2003. Siehe unter: www.alternatives.ca

37 Ebd. Siehe auch den Bericht über das Werk Naomi Kleins von Bernard Gensane unter: www.legrandsoir.info

38 Dany-Robert Dufour, *Le Divin Marché. La révolution culturelle libérale*, Paris 2007.

39 Riccardo Petrella, »Changer le monde, c'est possible!«, in: *Le Monde diplomatique*, August 2005.

40 Vgl. Ignacio Ramonet, *Propagandes silencieuses. Masses, télévision, cinéma*, Paris 2000.

41 John Perkins, *Bekenntnisse eines Economic Hit Man*, München 2007.

42 Francis Fukuyama, *Das Ende der Geschichte*, München 1992.

43 Vgl. Ignacio Ramonet, »La pensée unique«, in: *Le Monde diplomatique*, Januar 1995.

44 Perkins, *Bekenntnisse*.

45 Jeder Plan zur strukturellen Anpassung, den der IWF je erarbeitet hat, besteht aus folgenden, immer gleichen Elementen: Abwertung der nationalen Währung des jeweiligen Landes, Einsparungen bei

den öffentlichen Haushalten, Massenentlassungen von Staatsbediensteten, Erhöhung der Zinssätze, Einfrieren der Gehälter, Kreditbeschränkungen, Abschaffung von Subventionen (darunter auch die für Nahrungsmittel), Anhebung der Tarife von Staatsunternehmen für Energie, Wasser und Telefon, Unterstützung der Exportwirtschaft und Privatisierung von Unternehmen des öffentlichen Sektors.

46 »L'État du Monde«, in: *Courier International – The Economist*, Dezember 2008.

47 Vgl. Victor Zarnowitz, »Has the Business Cycle Been Abolished?«, in: *Business Economics*, Oktober 1998.

48 Im Februar 1989 revoltierten die Bewohner der großen Städte Venezuelas, um gegen die Verabschiedung eines Programms ultraliberaler Reformen zu protestieren, wie sie vom IWF vorgeschrieben und von Carlos Andrés Pérez akzeptiert worden waren. Dies waren die schlimmsten Unruhen in der Geschichte des Landes. Die Niederschlagung des Aufstands kostete mehr als 2000 Menschen das Leben.

49 Zitiert am 8. Oktober 2008 von Bernard Gensane in seinem Blog: http://blogbernardgensane.blogs.nouvelobs.com/achive

50 Jorge Beinstein, »L'Argentine entre dette et pillage. Une économie à genoux«, in: *Le Monde diplomatique*, Juli 2001.

51 *Le Monde*, 19. November 2008.

52 Joseph E. Stiglitz, *La Grande Désillusion*, Paris 2002 (Dt.: *Die Schatten der Globalisierung*, Berlin 1992).

53 *El País*, 16. November 2008.

54 Vgl. »Mécanisme financier permettant d'augmenter la rentabilité financière d'une enterprise en augmen-

tant son endettement«, in: Pierre Bezbakh/Sophie Gherardi (Hrsg.), *Dictionnaire de l'économie*, Paris 2000.

55 *La Tribune*, 9. Oktober 2008.

56 Jean-Michel Quatrepoint, *La Crise globale*, Paris 2008.

57 David S. Landes, *L'Europe technicienne*, Paris 1975.

58 2007 betrug die Zahl von Internetnutzern weltweit 1,5 Milliarden Menschen.

59 Dem Verband der Mobilfunkanbieter zufolge überschritt die Zahl der Mobiltelefonnutzer im August 2008 die Zahl von drei Milliarden.

60 Frédéric Lordon, *Jusqu'à quand? Pour en finir avec les crises financières*, Paris 2008.

61 Das System des Erwerbs von Aktienoptionen erlaubt den Führungskräften und gelegentlich auch den Angestellten eines Unternehmens, Aktien desselben zu einem festgelegten Datum und vorher festgesetzten Preis zu kaufen. Ziel ist es, die leitenden Mitarbeiter dazu anzuregen, den Aktienkurs ihres Unternehmens zu steigern, was den Führungskräften ermöglicht, in bestimmten Fällen durch einen schnellen Verkauf große Gewinne einzustreichen.

62 Dem Verband der französischen Versandhändler Fevad zufolge haben 19,5 Millionen Internetnutzer im dritten Quartal 2007 erklärt, schon einmal via Internet eingekauft zu haben. Das sind etwa 40 Prozent aller Franzosen. Mit einem Anstieg von 21 Prozent binnen eines Jahres war das Wachstum des Internethandels mehr als doppelt so groß wie der Anstieg der Zahl der Internetnutzer (siehe: Mediametrie/Netrating/Fevad, *baromètres trimestrielle 2007*).

63 *Business Week*, 14. Februar 2000.

64 *Le Monde*, 12. März 2000.

65 Der Konkurs von Enron führte zur Entlassung von 5600 Menschen und vernichtete 68 Milliarden US-Dollar Kapital.

66 Vgl. Peter C. Fusaro/Ross M. Miller, *Enron, les vraies raisons d'une chute*, Paris 2003.

67 Serge Halimi, »Enron, symbole d'un système«, in: *Le Monde diplomatique*, 8. März 2002. Siehe unter: www.monde-diplomatique.fr/dossiers/enron

68 Ebd.

69 Jacques Dufresne, »Le Scandale d'Enron«. Siehe unter: www.agora.qc.ca/reftext.nsf/Documents

70 Vgl. Pierre Bauchet, *Concentration des multinationales et mutation de l'État,* Paris 2003.

71 *El País*, 30. November 2008.

72 *Le Nouvel Observateur*, 16. Oktober 2008.

73 Damien Millet/Éric Toussaint, »Obama choisit ceux qui ont échoué«, in: *Observatoire international de la dette*, 5. Dezember 2008. Siehe unter: www.oid-ido.org

74 Das lässt sich jeweils übersetzen mit: »nicht börsennotiertes Kapital, als Erwerb durch Darlehen«, und »Rückkauf durch Hebelwirkung«.

75 Vgl. Sandrine Trouvelot/Philippe Éliakim, »Les fonds d'investissement, nouveaux maîtres du capitalisme mondial«, in: *Capital*, Juli 2007.

76 Vgl. Philippe Boulet-Gercourt, »Le retour des rapaces«, in: *Le Nouvel Observateur*, 19. Juli 2007.

77 Trouvelot/Éliakim, »Les Fonds d'investissement«.

78 Vgl. »L'argent sale de la grande crise«, in: *Marianne*, 25. Oktober 2008.

79 Vgl. *La Tribune*, Paris, 9. Oktober 2008.

80 Vgl. Ignacio Ramonet, »Krach 2008?«, in: *Le Monde diplomatique*, März 2008.

81 *Le Nouvel Observateur*, 13. Dezember 2007.

82 Vgl. Fondation Res Publica (Hrsg.), *Crises financières à répétition: Quelles explications? Quelles réponses?*, Paris 2008.

83 Vgl. André-Jean Locussol Mascardi, *Krach 2007. La vague scélérate des »subprimes«*, Paris 2007.

84 Der Erfinder dieser Kreditderivate ist Lewis Ranieri. Ende der siebziger Jahre, als er bei Salomon Brothers den Maklerdienst leitete, kam ihm die Idee, Hypothekendarlehen in Finanzaktiva umzuwandeln, die man wie andere Wertpapiere handeln konnte. Diese Erfindung erst hat den neuen Markt hervorgebracht, auf dem bald Schuldverschreibungen geschaffen wurden, die zu jenen inzwischen berüchtigten Finanzprodukten avancierten – die schließlich den gegenwärtigen Crash auslösten. Ein schwacher Trost: Eine von Ranieri in Houston gegründete Bank ging später in Konkurs. Vgl. *Le Monde*, 18. November 2008.

85 Vgl. www.apprendrelabourse.org

86 *Le Nouvel Observateur*, Paris, 16. Oktober 2008.

87 Ebd.

88 Vgl. Emmanuel Lévy/Marc Perelman, »Pendant la crise … les rapaces volent encore«, in: *Marianne*, 11. Oktober 2007.

89 Andrew Ross Sorkin, »From whispers to coup de grâce«, in: *New York Times*, 19. März 2008.

90 *El País*, 7. Dezember 2008.

91 Vgl. *Le Monde*, 25. Oktober 2008.

92 Vgl. Hervé de Carmoy, »Les véritables chiffres de la crise financière«, in: *Les Échos*, 3. Oktober 2008.

93 *El País*, 4. Dezember 2008.

94 Nouriel Roubini, »Chance of a Recession Large and Rising«, in: *RGE Monitor*, 27. Juli 2006.

95 AFP-Meldung, 9. Oktober 2008.

96 *La Tribune*, 9. Oktober 2008.

97 Vgl. »L'argent sale de la grande crise«, in: *Marianne*, 25. Oktober 2008. Siehe auch: Emmanuel Lévy/Hervé Nathan/Marc Perelman, »Des gains démentiels«, in: *Marianne*, 4. Oktober 2008.

98 Vgl. *Frankfurter Allgemeine Zeitung*, 27. November 2008.

99 AFP-Meldung, 13. Oktober 2008.

100 Vgl. Arun Gupta in der alternativen Zeitschrift *The Indypendent* (AFP-Meldung, 26. September 2008).

101 Kapitel IV der *Agenda 21*, des umwelt- und entwicklungspolitischen Aktionsplans für das 21. Jahrhundert, der im Juni 1992 während der Konferenz der Vereinten Nationen über Umwelt und Entwicklung von Rio de Janeiro von 172 Staaten beschlossen wurde.

102 Vgl. Édouard Goldsmith, *Le Tao de l'écologie. Une vision écologique du monde*, Monaco 2002.

103 Vgl. »Environnement et développement. Le défi du XXI. Siècle«, *Alternatives économiques*, Juli/August 2002.

104 Vgl. Worldwatch Institute (Hrsg.), *State of the World 2002*, Washington 2002. Siehe auch die offizielle Website der UNO über den Gipfel von Johannesburg: www.un.org/events/wssd/

105 Vgl. Dennis L. Meadows u. a.: *Die Grenzen des Wachstums. Bericht des Club of Rome zur Lage der Menschheit*, München 1972.

106 Volker Hauff (Hrsg.), *Unsere gemeinsame Zukunft. Der Brundtland-Bericht der Weltkommission für Umwelt und Entwicklung*, Greven 1987.

107 Vgl. »Business of Green«, in: *International Herald Tribune*, 4. Juni 2007.

108 Vgl. *Le Monde*, 7. Juli 2007.

109 *Capital*, März 2006.

110 Zitiert nach: Blandine Flipo, »La crise vue du Sud. Le pire est à venir«, in: *Témoignage Chrétien*, 23. Oktober 2008.

111 Pierre Ruscassie, »Quelle politique sociale pour la gauche?«, in: *Démocratie et Socialisme*, 15. August 2005. Siehe auch: www.democratie-socialisme.org

112 Vgl. Pierre Bourdieu, »L'essence du néolibéralisme«, in: *Le Monde diplomatique*, März 1998; siehe dazu auch vom selben Autor: »Le néolibéralisme, utopie (en voie de réalisation) d'une exploitation sans limites«, in: *Contre-feux*, Paris 1998.

113 Vgl. www.ilo.org/public

114 Vgl. darüber hinaus den vollständigen Text des Berichts: International Labour Organization (Hrsg.), *La sécurité en chiffres. Indications pour une culture mondiale de la sécurité du travail*, Genf 2003.

115 *Les Échos*, 7. November 2002.

116 »Les accidents du travail. L'impôt du sang. 19. decembre 1906«, in: *La Guerre sociale. Un journal »contre«*, Paris 1999.

117 Vgl. *Libération*, 21. Mai 2003.

118 Vgl. *Le Monde*, 7. Dezember 2008.

119 Vgl. Paul Kennedy, *Aufstieg und Fall der großen Mächte*, Frankfurt am Main 1996.

120 *El País*, 11. Oktober 2008.

121 *Challenges*, 13. November 2008.

122 Vgl. *Le Monde*, 29. Oktober 2008.

123 Ebd., 8. November 2008.

124 *Granma*, 14. November 2008.

125 Das jährliche Durchschnittseinkommen pro Einwohner hat Schätzungen zufolge 2006 einen Betrag von 1032 Euro erreicht, in Frankreich 24072 Euro.

126 *Der Spiegel*, April 2005.

BIBLIOGRAFIE

Attac (Hrsg.), *Les Paradis fiscaux ou La finance sans lois*, Paris 2000.

Bernard Cassen (Hrsg.), *En finir avec l'eurolibéralisme*, Paris 2008.

Ha-Joon Chang, *El papel del Estado en la economía*, Mexico City 1996.

François Chesnais (Hrsg.), *La finance mondialisée*, Paris 2004.

Gérard Duménil/Dominique Lévy, *Crise et sortie de crise. Ordre et désordres néolibéraux*, Paris 2000.

Viviane Forrester, *L'horreur économique*, Paris 1996. (Dt.: *Der Terror der Ökonomie*, München 1999.)

John Kenneth Galbraith, *Économie hétérodoxe*, Paris 2007.

Susan George, *Un autre monde est possible si …*, Paris 2004.

Susan George/Martin Wolf, *La mondialisation libérale*, Paris 2002.

André Gorz, *Capitalisme, socialisme, écologie*, Paris 1991. – *Écologica*, Paris 2008. (Dt.: *Auswege aus dem Kapitalismus. Beiträge zur politischen Ökologie*, Zürich 2009.)

Serge Halimi, *Le grand bond en arrière*, Paris 2006.

Philippe Jaffré/Laurent Mauduit, *Les stock-options*, Paris 2002.

Paul Jorion, *La crise. Des subprimes au séisme financier planétaire*, Paris 2008.

Charles Kindleberger, *Histoire mondiale de la spéculation financière*, Hendaye 2004. (Dt.: *Manien – Paniken – Crashs. Die Geschichte der Finanzkrisen der Welt*, Neuaufl., Kulmbach 2001.)

Serge Latouche, *Petit traité de la décroissance sereine*, Paris 2007.

Bernard Maris, *Antimanuel d'économie*, 2 Bde., Rosny 2003.

François Morin, *Le nouveau mur de l'argent. Essai sur la finance globalisée*, Paris 2006.

René Passet, *L'illusion néo-libérale*, Paris 2000.
– *Une Économie de rêve! »La planète folle«*, Paris 2003.

Dominique Plihon (Hrsg.), *Les désordres de la finance. Crises boursières, corruption, mondialisation*, Paris 2004.

Karl Polanyi, *La grande transformation*, Paris 1983. (Dt.: *The Great Transformation. Politische und ökonomische Ursprünge von Gesellschaften und Wirtschaftssystemen*, Frankfurt am Main 2007.)

Jean-Michel Quatrepoint, *La crise globale*, Paris 2008.

Paul Virilio, *La bombe informatique*, Paris 1998.
– *Stratégie de la déception*, Paris 2000. (Dt.: beide Essays zusammen in dem Band *Information und Apokalypse. Die Strategie der Täuschung*, München, Wien 2000.)